27146

ENCYCLOPÉDIE-RORET.

BRONZAGE

PEINTURE ET VERNISSAGE

DES MÉTAUX, DU PLATRE ET DU BOIS

MANUELS-RORET

NOUVEAU MANUEL COMPLET

DU

BRONZAGE

DES

MÉTAUX ET DU PLATRE

TRAITANT

DES ENDUITS ET DES PEINTURES MÉTALLIQUES

SUIVI DE LA

PEINTURE ET DU VERNISSAGE

DES MÉTAUX ET DU BOIS

Par MM. G. DEBONLIEZ et F. FINK

Ouvrages enrichis de nouveaux procédés

RELATIFS

AU BRONZAGE, A LA PEINTURE ET AU VERNISSAGE

Traduits, mis en ordre et publiés

Par M. F. MALEPEYRE

D'après M. le Dr E. WINCKLER et autres Praticiens.

PARIS

LIBRAIRIE ENCYCLOPÉDIQUE DE RORET

RUE HAUTEFEUILLE, 12.

1870

AVIS

Le mérite des ouvrages de l'**Encyclopédie-Roret** leur a valu les honneurs de la traduction, de l'imitation et de la contrefaçon. Pour distinguer ce volume, il porte la signature de l'Éditeur, qui se réserve le droit de le faire traduire dans toutes les langues, et de poursuivre, en vertu des lois, décrets et traités internationaux, toutes contrefaçons et toutes traductions faites au mépris de ses droits.

Le dépôt légal de ce Manuel a été fait dans le cours du mois de mars 1870, et toutes les formalités prescrites par les traités ont été remplies dans les divers États avec lesquels la France a conclu des conventions littéraires.

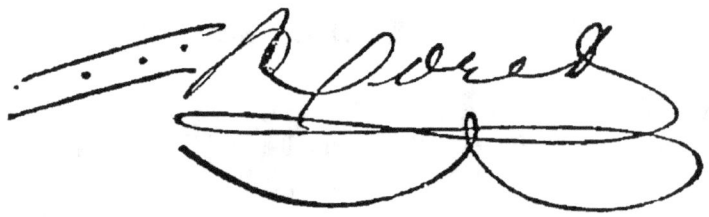

ERRATUM.

Page 149. Au lieu de § 4, lisez : § 5.

NOUVEAU MANUEL COMPLET

DU

BRONZAGE

DES MÉTAUX ET DU PLATRE

PAR M. J. DEBONLIEZ.

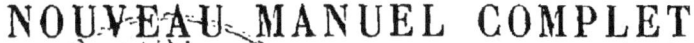

CHAPITRE Iᵉʳ.

Bronzage du bronze fondu.

HISTORIQUE DES DIVERS BRONZAGES.

Le bronzage, qui forme maintenant une des industries façonnières du bronze, comme la ciselure, la tournure et la monture, n'existait pas comme spécialité il y a quarante ans, et le bronze n'étant pas encore aussi répandu qu'aujourd'hui, on avait continué à faire le bronzage dans les fabriques où il y avait un ouvrier chargé de la mise en couleur.

Le métier de doreur érigé en maîtrise par Charles IX au mois d'août 1573, et qui comprenait la ciselure et le rachevage du bronze, embrassant le damasquinage et la mise en couleur, se faisait entièrement chez le même patron, qui pouvait occuper un ou deux ouvriers, suivant le privilège qui lui était accordé. Jusqu'en 1825, on ne connaissait pour ainsi dire qu'une teinte de bronzage, qui était le vert antique ou vert à l'eau, que l'on cherchait à rapprocher autant que possible des bronzes exposés à l'injure du temps, tel que les bronzes du parc de Versailles ou certains bronzes d'appartements du temps de Louis XVI ou de Louis XV, comme les groupes de Clodion ou de Lefrançois, ou encore des bronzes florentins, dont la teinte était modifiée par le temps ou par la buée des appartements, ce qui les rend toujours très-difficiles à imiter, et ce que peu d'ouvriers sont capables de faire. Il en est du bronzage comme de bien d'autres choses, la nécessité fait loi; mais le commerce, malgré qu'il ait cherché à produire les teintes les plus excentriques, en s'éloignant de celles naturelles du bronze, qui est du carbonate d'oxyde de cuivre, a enfin été obligé de revenir aujourd'hui à celle produite naturellement.

Sans vouloir m'étendre sur ce sujet, je dois cependant faire connaître ici une partie des teintes de bronze qui ont été en vogue depuis l'année 1825 à peu près, où l'on en était au *vert antique* qui est la *teinte vert brun;* c'est ainsi qu'ont été faites depuis les portes extérieures de la bibliothèque Sainte-Geneviève. On faisait cette teinte plus ou moins verte ou plus ou moins brune, suivant la volonté du fabricant ou suivant les exigences du métal, car la différence dans la composition des alliages donne une variation de teintes que l'on ne peut pas toujours dominer. En outre, il faut aussi approprier à l'objet une teinte qui puisse cacher la reparure.

Cette teinte verte a dominé jusque vers l'année 1828, où l'on a donné la préférence à la *teinte florentin*, et que dans l'industrie des bronzes on connaissait sous le nom de *bronze florentin Lafleur*, du nom de l'ouvrier qui était le plus en vogue à cette époque. C'est à peu près dans cette année que plusieurs ouvriers se mirent à faire le bronzage à leur compte; aujourd'hui, cette teinte dont je donnerai la recette plus loin, ne se fait plus que pour les bouilloires ou les cafetières, qui sont brunies par dessus le bronzage.

De la teinte précédente, on passa à la *teinte florentin fumé*, qu'on doit, vers 1833, à M. Camus, teinte qui a eu de nouveau la vogue lors de l'abandon de la précédente, car cette teinte était plus douce et plus élégante que l'autre.

Elle a bientôt été suivie et remplacée par la teinte appelée alors *vert artistique*, qui était couleur cendre verte pâle, qu'on a relevée un peu plus tard avec le *bronze jaune* en poudre au moyen de l'essence de lavande, ce qui lui donnait une odeur particulière. Cette dernière a été suivie de la teinte dite *bronze médaille* dans la fabrication, mais qui n'y ressemblait pas beaucoup.

M. Masselotte, ouvrier chez M. Denière, se trouva alors jouir de la vogue, et par suite se mit à son compte; il donna à ce genre de bronze différents aspects, en faisant les fonds tantôt verdâ-

tres, avec des superficies relevées jaunes, tantôt
les fonds noirs avec les hauteurs plus ou moins
rouges, avec le bronze en poudre et les vernis à
l'essence ; mais le commerce, qui exigeait sans
cesse du nouveau, fit bientôt changer l'aspect de
ce même bronze, qui, à l'aide d'un bronze en
poudre verdâtre posé légèrement par-dessus la
couche de vernis qui couvre le bronze et prend
sur le fond, lui donne un reflet gorge de pigeon.

Plus tard, on a fait les fonds noirs ou bruns, et
aussi une teinte que l'on appelle *bronze-fer*, qui
consiste en un fond noir relevé de poudre d'é-
tain et imite l'armure des guerriers. Peu après,
on a fait le bronze appelé *bronze à la cire*, qui
est de teinte rougeâtre au fond plus brun, et qui
réussit très-bien sur les groupes des temps
Louis XVI. Ce bronze ne descendait guère dans le
petit commerce, car le prix en est assez élevé,
mais alors on est arrivé à faire une imitation de
cette teinte qui demande moins de travail, et qui
moins tranchée des fonds avec les chairs, donne
une teinte plus agréable, qui a fait tomber celle
qui l'a précédée.

C'est vers cette époque que survient M. Lemoine, qui exploitait le *bronze fumé*, d'un excellent goût, et ne travaillait que pour les artistes et
sur les bronzes d'art.

On a vu éclore encore un autre genre de bronze
qui se rapproche de la teinte mordoré, et que
quelques fabricants ont appelé *bronze aile de
mouche*, qui a les fonds noirs et les hauteurs

presque couleur cuivre; on la fait varier en teintant légèrement les figures et les superficies avec la sanguine, qui lui donne une teinte rosée. On a reproduit longtemps cette teinte sur la lampe estampée, car les surfaces étant plus chargées de bronze, il devenait moins susceptible de s'altérer au toucher; maintenant, toute la lampe estampée se fait au bronze que l'on appelle *bronze au four*.

Nous arrivons maintenant à une époque où l'on fabrique des masses considérables d'objets en zinc ou de composition, et qui adoptant les teintes dont il a été question, les obligent encore à se modifier, car l'industrie du bronze n'en veut plus dès que le zinc s'en empare et lui ressemble, et on repasse en grande partie au bronze fumé ou au bronze d'art qui se sont conservés, du moins le dernier, jusqu'à présent.

M. Crozatier, fabricant de bronze, mort maintenant, avait un genre de bronze fumé qu'il faisait lui-même, et qui était parfaitement bien approprié à son genre de modèle.

Nous avons encore eu les bronzes édités par M. Cresson, genre de bronze vert-brun ancien, également fait à la fumée; les bronzes verts des animaux de M. Barye, qui les fait aussi chez lui, qui sont en partie vert à l'eau d'une jolie teinte naturelle, mais inégale: nous avons aussi le bronze des animaux de M. Mène, de M. Bonheur, et d'autres artistes distingués.

Section I. — OUTILLAGE NÉCESSAIRE POUR FAIRE TOUS LES BRONZES.

La plupart des bronzeurs adoptent une spécialité de bronze, et par conséquent n'ont pas besoin de tous les ustensiles que je vais décrire.

La *forge* au décapage et lessivage doit être large de 3 mètres sur 90 cent. de profondeur; les jambages en sont en briques, le manteau en plâtre; dans le bas est un massif en brique pour y poser les deux *terrines* en grès contenant, dans l'une l'acide azotique, sur la gauche; dans la deuxième, le bain de blanchiment à la suie, à côté de celle-ci un *baquet* d'eau de rivière, pour rincer en premier, et à côté un second baquet d'eau pour rincer en second; de l'autre côté est un *fourneau* servant à chauffer la marmite au lessivage.

La *boîte à la sciure*, de 1 mètre de long sur 70 cent. de large, contenant de la sciure de bois blanc, pour sécher les pièces en sortant du décapage.

Le *four* au bronze fumé se compose de deux jambages en brique de la hauteur de $1^m.50$, terminés par un cintre de 30 centimètres. Ce four doit avoir 1 mètre de profondeur, et dans le bas une double porte fermant le foyer jusqu'à la hauteur de 40 centimètres. Cette partie du bas se trouve séparée du haut par un cadre supportant une tôle percée de trous de 1 centimètre, et à 3 centimètres de distance l'un de l'autre. Depuis cette tôle jusqu'en haut du four, sont adaptés de chaque côté des pitons sur toute la profondeur et étagés à 20 centimètres l'un de l'autre; ceux-ci servent à recevoir des tringles mobiles qui se lèvent ou se baissent à volonté, suivant la grandeur des pièces que l'on veut placer dessus. Cette partie se ferme par une double porte en tôle recouverte, après être fermée, par un rideau de toile qui sert à intercepter la fumée; l'ouvrage préparé se place sur des grilles en fil-de-fer, comme sont les grilles des doreurs sur métaux, ou bien on les accroche après les tringles, si elles sont susceptibles de frotter sur la grille; on est pourvu à cet effet des petits crochets en fer. Le haut du four est terminé par un tuyau à clef et se rendant à la cheminée.

Une *cuve* au bain de nitrate de cuivre, semblable à celle qui est décrite dans le *Manuel de Galvanoplastie*, de l'*Encyclopédie-Rorel*, pour le bain de cuivre par l'électricité, et servant à la galvanisation du zinc ou du cuivre jaune quand on veut faire du bronze florentin.

Un *étau* de monteur en bronze.

Des *pinces* et *tournevis* servant à monter et démonter les objets avant et après le bronzage, car il faut éviter de mettre les vis en fer dans les acides qui pourraient les détruire.

Quinze ou vingt *brosses* de soies de sanglier, de la hauteur de 4 centimètres. Ces brosses ont ordinairement 8 ou 10 centimètres de longueur sur 5 de large; elles servent à sécher les bronzes et ont besoin d'être lavées après chaque opération. On en réserve une partie pour chaque teinte de bronze.

Trois douzaines de *pinceaux à sécher* en soies de sangliers de 6 centimètres, qu'on prend de plusieurs grosseurs pour faciliter le travail.

Deux *brosses à éclaircir*, dans la forme des brosses à cirer les souliers.

Cinq *brosses rudes* de 3 centimètres de large sur 10 centimètres de long, formant du bout le bec de corbin, et à manche comme les brosses des argenteurs.

Deux *brosses* pareilles en soies blanches plus douces que les premières, pour brosser à la cire ou par-dessus le vernis.

Une *carde* de ciseleur.

Une *gratte-boësse* en chef-d'œuvre laiton, dite *gratte-boësse des doreurs* sur métaux. Celle-ci est un pinceau en cuivre servant à éclaircir et à ramener la teinte de cuivre sur les parties douces où la carde pourrait marquer sur le bronze.

Une *gratte-boësse* plus rude pour le décapage.

Un morceau de *cire jaune* ou blanche si elle est pure.

Un *vase* à fond plat dans le genre d'un pot bas à confiture, pour mettre le vert antique ou vert à l'eau, lorsque l'on veut s'en servir. Ces verts doivent toujours être remis aussitôt dans la bouteille dès que l'on n'en a plus besoin.

Deux autres *pots* pareils pour les autres teintes de bronzes.

Deux *gants* pour enlever les pièces sur les grilles du four à fumer.

Deux *planches* pour poser le bronze en poudre; ces planches ont 60 centimètres de long sur 25 centimètres de large avec une tringle de 3 côtés, faisant rebord, pour retenir la poudre.

Une petite *bouteille* à fond plat, très-basse, à goulot très-étroit, pour l'essence de térébenthine servant à faire prendre le bronze en poudre, laquelle ne se bouche pas; on ne met dans cette bouteille que l'essence nécessaire pour la journée.

Plusieurs petites *boîtes* en fer-blanc ou en carton pour contenir le bronze en poudre.

Un morceau de *peau de buffle* ou de chamois pour poser la sanguine en poudre sur les superficies des objets.

Une *passoire* en grès et à anse de la forme d'un panier pour le passage à l'eau forte des petites pièces.

Un *crochet* en cuivre pour le même usage, long de 50 centimètres, avec une poignée ou manche en bois.

Section II. — DÉCAPAGE DES BRONZES.

Les décapages se divisent en plusieurs opérations; la recuisson, le dérochage, le passé à l'eau forte et à la suie, le passé aux acides composés.

Article Ier. — Recuisson.

Les bronzes qui sortent des mains des ouvriers qui les ont terminés de ciselure et de monture, sont en général recouverts d'une substance grasse. On les en débarrasse en les portant dans un feu de charbon et les recouvrant de mottes à brûler, que l'on dispose de manière à les allumer pour faire rougir le tas de cuivre qu'elles recouvrent. En même temps que la matière organique est brûlée, l'oxygène de l'air a transformé la superficie du métal en un mélange de protoxyde et de bioxyde de cuivre qui doivent nécessairement être enlevés par les décapages ultérieurs.

Cette recuisson est rarement nécessaire pour le bronze, mais elle est indispensable pour la dorure et l'argenture.

Article II. — Dérochage.

On projette les pièces encore tièdes dans un mélange de 12 parties d'eau sur 1 d'acide sulfurique, et les pièces, de noires qu'elles étaient, deviennent d'un rouge d'ocre qui annonce que le bioxyde de cuivre a été transformé en sulfate sans que le protoxyde ait été attaqué.

Article III. — Passé à l'eau-forte.

Les pièces sont ensuite passées dans l'acide azotique ou eau-forte ordinaire, que l'on met dans le vase que nous avons indiqué en décrivant la forge. Cet acide se décompose alors en acide azoteux qui se dégage sous forme de vapeurs rutilantes, et en oxygène qui transforme le protoxyde rouge de cuivre en bioxyde noir. C'est là la raison pour laquelle cette préparation porte le nom de noircissage; elle suffit presque toujours pour le bronzage.

Article IV. — Passé à l'eau et à la suie.

Les pièces sont ici plongées dans l'acide azotique

contenant, par kilogramme, 10 grammes de sel marin et autant de suie grasse de cheminée pulvérisée. Dans cette opération la suie, par son charbon, transforme l'acide azotique en acide azoteux, lequel réagissant sur l'acide chlorhydrique formé par le sel marin, fournit une petite quantité d'eau régale, laquelle transforme le bioxyde de cuivre en chlorure. Ces pièces sortent de ce bain presqu'entièrement débarrassées de tous corps étrangers.

ARTICLE V. — **Passé aux acides composés.**

Ces acides sont de deux sortes, les uns servent à obtenir un brillant parfait et se composent d'acide sulfurique 2 litres, d'acide azotique 1 litre, de sel marin 10 grammes, de suie 10 grammes.

Ce bain peut servir quand on a besoin de cuivre parfaitement beau, comme pour les bronzes florentins; il est inutile pour le vert antique, et je dirai même nuisible.

Nous ne croyons pas devoir entrer ici dans des détails sur les propriétés physiques et chimiques, ainsi que sur la fabrication des acides azotique et sulfurique. On trouve des détails étendus sur ces propriétés et cette fabrication dans tous les traités de chimie, et particulièrement dans le *Manuel du Fabricant de Produits chimiques*, de M. Lormé, qui fait partie de l'*Encyclopédie-Roret*. Nous y renvoyons donc le lecteur qui voudrait acquérir des notions sur cette matière.

ARTICLE VI. — **Dégraissage**.

Mais nous devons dire un mot sur la lessive de potasse pour dégraisser le bronze avant le passage à l'eau-forte. On prépare cette lessive en mettant dans une chaudière en fonte de fer pour 20 litres d'eau 3 kilogrammes de potasse d'Amérique que l'on fait bouillir. On fait tremper les objets bronzés dans cette lessive le temps nécessaire, qui est à peu près de dix minutes, après quoi on les retire et on les rince à l'eau.

Après avoir retiré l'objet en bronze de la chaudière à la lessive comme nous l'avons dit, s'il reste quelque chose de malpropre sur la pièce, soit du noir de charbon occasionné par la soudure ou toute autre impureté, soit un reste d'ancien bronze, on la met tremper dans un baquet d'eau seconde, d'eau-forte ou de vitriol, de 500 grammes de l'un des deux acides par 10 litres d'eau de rivière ; on retire la pièce après une heure ou deux, on la brosse dans l'eau propre et si certaines parties ne peuvent se nettoyer on les enlève à la gratte-boësse, après quoi on laisse la pièce égoutter et on la passe dans l'eau-forte pure que l'on a préparée dans la terrine destinée à ce service, dans la forge que nous avons décrite plus haut. Ce simple passage à l'eau-forte suffit pour le bronze vert antique, et après avoir rincé la pièce à l'eau propre on la sèche à la sciure de bois.

ARTICLE VII. — **Bain dit blanchiment**.

S'il est nécessaire d'obtenir un cuivre plus blanc

pour certains bronzes, on prépare le bain de cette façon :

Acide azotique. . . . . 2 litres.
Acide chlorhydrique. . . . . 100 gram.

On abandonne du cuivre dans ce bain pour qu'il s'y dissolve et jusqu'à ce que ce bain n'attaque plus le cuivre.

La dissolution étant complète, on ajoute au bain :

Acide sulfurique. . . . . 3 litres.
Suie calcinée et pulvérisée. . . . 2 poignées
Acide azotique. . . . . 1/2 kilog.

On abandonne ce bain 48 heures, puis on y plonge les pièces avec rapidité, en agitant le liquide pour que la suie ne s'attache pas au cuivre ; on rince la pièce à l'eau propre et on la sèche aussitôt à la sciure de bois. On ne doit se servir de ce bain qu'après avoir passé sa pièce à l'eau-forte pure, et il sert toujours comme deuxième opération qu'on doit exécuter le plus rapidement possible.

On peut avec bien des objets et pour beaucoup de teintes éviter le passage à l'eau-forte. Si l'on a affaire à un grand bronze, on se sert d'une brosse et de sablon pour nettoyer les parties malpropres, on peut aussi s'aider de la gratte-boësse et de l'eau seconde, d'eau-forte ou de vitriol.

Section IV. — BRONZAGES.

ARTICLE Ier. — Bronzes verts.

No 1. *Vert antique de Galles.*

Pour 1 litre de vinaigre de vin, on prend :

Sel ammoniac. . . . . 16 gram.
Sel marin. 16
Ammoniaque liquide. 16

On met le tout dans une bouteille en versant l'ammoniaque liquide en dernier. On a soin de boucher aussitôt la bouteille que l'on secoue pour faire le mélange et activer la fonte des sels, et aussitôt qu'ils sont fondus, on peut s'en servir.

Nous ne croyons pas nécessaire de décrire ici la préparation du sel ammoniac ou de l'ammoniaque liquide et en expliquer les propriétés ainsi que l'origine et l'extraction du sel marin. Ce sont des connaissances que nous supposons que le lecteur possède déjà et qu'il peut d'ailleurs acquérir dans les ouvrages spéciaux.

Pour faire le bronze vert antique, on procède ainsi qu'il suit :

Après avoir remué les matières en dissolution, on en verse une petite partie dans le petit vase qui a été mentionné aux ustensiles, on trempe dedans le pinceau de soies, avec lequel on mouille la pièce entièrement et le plus vivement possible, en ayant soin d'entretenir constamment l'humidité partout. Au bout d'un instant la dissolution commence à verdir sous le pinceau, on voit le cuivre changer de teinte, le vert se forme et commence à former une mousse verdâtre. Dans cet instant, il faut éviter de retremper son pinceau dans le pot et on doit au contraire le promener et l'agiter du bout des soies sur tous les sens en suivant les contours des ornements de l'objet. Quand le cuivre a pris la teinte convenable et que la liqueur commence à sécher et à épaissir, on quitte ce pinceau, on prend une brosse à longues soies et on sèche avec elle, en ayant soin, dès qu'elle est moui'lée, d'en prendre une autre et on termine avec les pinceaux de soies grises. La pièce étant ainsi séchée, on la laisse reposer jusqu'au lendemain, alors on redonne une deuxième couche de vert comme la première. Cette fois, la teinte est plus foncée et il est souvent besoin de donner une troisième couche de la même manière. Dans ce cas, on obtient un très-beau bronze bien léger. Après avoir laissé la pièce encore se sécher jusqu'au lendemain, on l'éclaircit avec la brosse que l'on passe sur la cire blanche. On doit toujours laisser entre chaque couche de vert un intervalle de 24 heures et avoir soin à chaque couche de bien émoustiller sa teinte, car si l'on agit lentement, l'oxyde qui s'est produit se lève par écailles en terminant, ce qui force quelquefois à relaver son bronze à l'eau seconde pour le défaire et à recommencer par la première couche. Néanmoins l'ouvrier qui a l'habitude ne laisse pas toujours un intervalle aussi long entre ses couches et les donne parfois à 6 heures de distance.

Il arrive quelquefois qu'avec une pendule ou

quelques autres objets, les socles ou d'autres pièces
sont en laiton, celui-ci prenant une teinte plus pâle
que le cuivre fondu, on égalise les teintes à l'aide
de la plombagine que l'on frotte avec une brosse
ou un pinceau à soies courtes et douces.

Ou bien si l'on veut pour ce même bronze activer à la seconde couche, on peut doubler les doses des deux sels et d'alcali, ce qui les porte à 32
grammes chaque.

Nº 2. *Vert antique plus épais.*

Pour 1 litre de vinaigre :

Couperose ou sulfate de cuivre. .	16 gram.
Sel ammoniac.	32
Sel marin.	32
Cendres vertes, belle qualité. . . .	70
Jaune de chrome.	30
Ammoniaque liquide.	32

Pour préparer cette dissolution, on commence
par mettre la couperose dans la bouteille au vinaigre ainsi que les autres sels pour qu'ils soient
fondus, avant d'y ajouter les cendres vertes et le
jaune de chrome, et on termine en versant l'ammoniaque liquide, on bouche aussitôt la bouteille et
l'on mélange fortement le tout ensemble en agitant la bouteille ; quand les poudres sont bien mé-
langées, on laisse reposer pendant quelque temps,
puis pour s'en servir on tire au clair le dessus pour
donner la première couche, en opérant comme
dans le procédé précédent, en ayant toujours soin
de bien émoustiller le vert dès qu'il s'oxyde et de
sécher vivement et avec soin.

Pour la deuxième couche, il faut remuer la bouteille, afin de mélanger le dépôt qui doit servir dans cette deuxième teinte ; si l'on est satisfait de la couleur, on termine comme dans la recette n° 1, en brossant avec la cire.

N° 3. *Vert antique plus noir.*

Si l'on trouve la teinte précédente trop verte, on ajoute de la plombagine à la dissolution. Cette plombagine doit être de très-bonne qualité, comme celle qui sert dans la galvanoplastie, qui se vend de 6 à 8 francs le demi-kilogramme.

Les portes de la bibliothèque Sainte-Geneviève ont été bronzées par ce procédé et elles ont résisté très-bien à l'air et à la pluie.

N° 4. *Vert antique patine.*

On donne la première couche avec le vert n° 1, la deuxième avec le vert n° 3 où l'on a mis de la plombagine, puis quand la pièce est séchée, on mouille un petit chiffon dans l'eau ordinaire et après l'avoir bien tordu pour ne lui laisser que de l'humidité, on s'en sert pour ressuyer les superficies en le roulant autour du doigt, afin d'enlever le gros vert de manière à laisser le cuivre légèrement teinté ; puis avant de terminer le bronze, on prend une gratte-boësse de chef-d'œuvre et on gratte-boësse légèrement les hauts ou les superficies des chairs si c'est une statue, et on termine ensuite comme pour les autres bronzes avec la brosse à la cire.

On peut si l'on veut poser un peu de sanguine

sèche en poudre que l'on sème sur un carton ou
sur une planche, puis avec une petite peau qu'on
passe dessus, on frotte sur les hauteurs de la pièce
et on brosse par dessus.

N° 5. *Vert à l'eau.*

Pour 1 litre d'eau de rivière, on prend :

Sel ammoniac. . . . . 250 gram.
Ammoniaque liquide. 250

Pour ce bronze, il est nécessaire d'avoir un métal bien propre, et après l'avoir passé à l'eau-forte,
il faut le passer dans le bain de blanchiment à la
suie comme font les doreurs sur métaux ; puis
sans avoir besoin de sécher la pièce et après avoir
trempé le pinceau dans la dissolution de vert, on
donne une couche en émoustillant bien et on
laisse le vert se sécher seul, en l'exposant autant
que possible dans un lieu frais. Aux couches suivantes, il faut arriver à ce que la pièce commence
à se sécher sous le pinceau même, avant de l'a-
bandonner. On donne ordinairement une couche
le matin et une le soir. La préparation de ce
bronze qui offre certains tons vert de malachite
peut durer jusqu'à un mois ou six semaines.
Quand on a obtenu le vert que l'on veut avoir, on
termine en prenant un petit tampon de chiffon
humecté d'huile d'olive, on en frotte légèrement
les superficies du bronze qui, de vert-blanc et
poudreux qu'elles étaient, deviennent vertes trans-
parentes et laissent ainsi des fonds encore couverts de vert en poudre.

Si l'on veut une teinte plus égale, on met de l'huile d'olive dans un vase et on y trempe un pinceau avec lequel on barbouille la pièce en plein, puis on la sèche à la sciure de bois pour éponger l'huile, et après avoir fait tomber la sciure, on frotte les hauteurs avec un tampon de laine. On fait avec ce bronze les teintes des animaux Barye. On peut, si l'on veut, ajouter de l'alun.

Nº 6. *Bronze dit vert à l'eau.*

Le bronze que je vais décrire est celui qu'on fait dans le commerce pour vert à l'eau, car il serait maintenant impossible à un bronzeur de garder un bronze un mois pour le mettre en couleur. Il a donc fallu trouver un moyen plus expéditif. Or, ce moyen consiste à donner une première couche avec la dissolution de vert de la recette nº 1, et en la séchant toujours de la même manière; on prend ensuite pour seconde et troisième couche, la dissolution suivante.

Pour 1 litre de vinaigre :

Sel ammoniac.	50 gram.
Ammoniaque liquide.	50
Cendres vertes.	70
Jaune de chrome.	30

Cette dissolution sert à donner la deuxième couche au moins 24 heures après la première; on doit l'appliquer légèrement et éviter de trop laver la pièce, en laissant écouler la liqueur, qui doit toujours être maintenue par le pinceau avec lequel on entretient l'humidité sur la pièce en émoustillant. Quand elle a été mouillée partout,

il faut éviter de retremper le pinceau, et lorsqu'on voit que le vert est assez pris, on sèche
comme les autres verts, avec des pinceaux et des
brosses ayant servi aux autres verts, sans être
bien lavés et séchés. On donne de la même manière une troisième couche et une quatrième
couche s'il est nécessaire, mais il faut, en séchant
les dernières couches, ne pas sécher trop à fond
et laisser un peu de la mousse dans les fonds des
ciselés. Pour terminer, on prend une brosse de
soies blanches courtes et fines, comme celles
d'une brosse à dents après avoir bien ciré le bout
des soies, et on brosse les superficies du bronze en
ménageant les fonds, que l'on laisse avec le vert-
de-gris poudreux pour imiter le vert-de-gris produit par l'action du temps, et avec un pinceau
court on fait tomber la poudre qui choquerait la
vue, et on passe ensuite le tampon de laine à
l'encaustique sur les parties que l'on veut obtenir
claires. C'est de ce bronze qu'ont été faits les
deux joueurs de boules exposés par M. Graux-
Morly, à l'exposition de 1855.

Il y a des bronzeurs qui passent un peu de
plombagine sur les chairs et sur les hauteurs ciselées; ce moyen contribue à rendre le bronze
brillant, mais cette teinte plombée ressort mal
avec le fond et fait souvent un effet très-dur.

Ce bronze, comme les précédents, peut se faire
sur des objets qui doivent être exposés à l'injure
du temps, car si la couleur que l'on a donnée
change un peu de teinte, elle a l'avantage de servir d'apprêt que la pluie continue.

Section V. -- BRONZES FLORENTINS.

On fait les bronzes florentins de plusieurs manières. Ces bronzes devraient tendre à imiter les bronzes de Florence, qui sont la plupart en cuivre rouge et fondus à cire perdue. On en fait aussi de très-beau de teinte et d'autres qui n'ont d'imitation de florentin que le nom. Cependant je crois nécessaire de les faire connaître tous, car il arrive encore quelquefois qu'un antiquaire donne un objet comme type pour en reproduire un pareil.

N° 7. *Bronze Lafleur.*

Le premier florentin moderne qui s'est fait, était le bronze dit Lafleur, qui consiste à cuivrer l'objet en bronze de cuivre rouge. Pour cela, cet artiste enveloppait l'objet de fil-de-fer et le déposait dans une eau cuivrée. On remplace maintenant cette première opération par la pile galvanique, qui donne un meilleur résultat, en évitant la rouille et les taches que laisse le fil-de-fer; la pièce ayant été ainsi recouverte de cuivre rouge, on la gratte-boësse pour rendre le métal brillant, ce qu'on fait avec le gratte-boësse de doreur, dans un baquet d'eau propre, puis on la sèche à la sciure de bois, et on procède à la préparation de la pâte suivante que l'on tient un peu claire.

Sanguine. . . . . 10 parties.
Plombagine. 4

On délaie à l'esprit-de-vin, ou mieux, à l'esprit de bois qui est à meilleur marché, ou même à l'essence, et avec cette mixture on couvre la pièce avec un pinceau; on laisse sécher jusqu'au lendemain; on brosse ensuite la pièce avec une brosse rude, puis, si l'on veut, on noircit une feuille de papier de plombagine, on passe une brosse douce dessus et on s'en sert pour éclaircir le bronze.

Nº 8. *Florentin au vernis.*

Après avoir recouvert le bronze par la pile et l'avoir gratte-boëssé, comme dans la recette précédente nº 7, on prépare une bouillie très-claire de vinaigre et de plombagine (il faut que cette dissolution soit très-liquide); on barbouille la pièce au pinceau en émoustillant pour faire bien prendre dans les fonds, on sèche ensuite avec la brosse et les pinceaux, comme pour le vert, en ayant soin de ménager le noir dans les fonds, puis on ressuie les hauteurs avec un linge humide pour ramener la teinte de cuivre, de manière à avoir les fonds noirs qui se fondent agréablement avec les hauteurs cuivrées. On laisse ensuite la pièce de côté pendant une heure ou deux, puis on prend une brosse rude, comme la brosse d'argenteur, et on éclaircit la mine de plomb en ménageant les hauteurs pour ne pas trop les noircir, car alors on serait obligé de les ressuyer une seconde fois. Cela fait, on attend au lendemain, et alors on prend dans un pot du vernis de la fabrique Dida, dit vernis florentin : si ce vernis est trop épais, on l'éclaircit à l'esprit-de-vin, et on le pose sur toute la pièce avec un blaireau ou un pin-

ceau de soie blanche en queue de morue. En
même temps on a sous la main un second pinceau pour ressuyer de suite s'il arrive des inégalités ou du coulage. On laisse ensuite sécher sa
pièce ou on la fait sécher à l'étuve, puis on brosse
légèrement avec une brosse douce. Si on aperçoit des inégalités dans le vernis, on répare avec
un pinceau et de la plombagine sèche. Il est bon
d'observer que le vernis séché à l'étuve est beaucoup plus brillant que celui que l'on laisse sécher
seul. On fait très-bien par ce moyen une des
teintes que produisait M. Lemoine.

Matières pour les teintes florentin.

Orseille.
Sang-dragon.
Gomme-laque cerise.
Plombagine.
Sanguine en poudre.
Vinaigre.
Esprit-de-vin.

Les vernis faits en fabrique sont toujours préférables, par la qualité, à ceux que l'on fait soi-
même, car ces liquides demandent certaines manipulations et des préparations qui ne peuvent
se faire qu'en grand : cependant on prépare de
très-bons vernis par les procédés suivants :

On fait dissoudre au bain-marie, dans un ballon de verre et à l'esprit-de-vin :

L'orseille, produit végétal couleur de vin, qui
n'est pas gommeux, et par conséquent a besoin
d'être mêlé avec les gommes suivantes après la
dissolution.

Gomme-laque, résine d'un rouge-brun provenant de certains arbres de l'Inde, et que l'on dissout de la même manière; on l'achète en petites feuilles.

Sang-dragon, aussi un des produits de l'Inde, que l'on achète en poudre, et se dissout aussi comme les précédents, en mettant d'abord l'esprit-de-vin dans le ballon avec quelques petits graviers de sable de rivière ou quelques morceaux de verre pour empêcher qu'il ne se forme une masse trop compacte au fond du ballon.

On y met les gommes dissoudre l'une après l'autre et séparément; on les filtre ensuite avec le papier à filtrer dans un entonnoir en verre, et on fait le mélange de l'une ou de l'autre, quand on veut s'en servir.

La plombagine est, comme on sait, un carbure de fer dont on fait les crayons.

La sanguine en poudre est un produit des mines de fer, de couleur rouge.

Nº 9. *Florentin à la gomme-laque.*

Il s'est fait aussi, vers 1837, un genre de bronze florentin qui consistait à appliquer sur le cuivre, après l'avoir décapé, une couche de vernis composé de gomme-laque cerise en feuille, dissoute dans l'esprit-de-vin. Ce vernis est épais quand on l'a posé sur le cuivre. On le fait chauffer sur un feu doux de poussier de charbon, dans une poêle comme en ont les vernisseurs, mais il est préférable de le chauffer à l'étuve. On a continué longtemps à faire ce bronze pour les encriers-pompes de M. Bocquet, et il le fait encore pour les appareils d'étalage des boutiques ; on s'en est servi très-longtemps pour la lampe en cuivre.

Nº 10. *Florentin à l'huile.*

On fait le florentin à l'huile en couvrant la pièce de cuivre rouge par la pile et préparée comme dans la recette nº 8, et quand elle est brossée et passée à la carde ; on remplace le vernis en barbouillant la pièce avec de l'huile d'olive à l'aide d'un pinceau et ensuite on la sèche à la sciure de bois que l'on fait tomber ensuite ; on chauffe légèrement sur un feu doux et on obtient alors un bronze plus terne que les précédents et qui imite les bronzes anciens.

Section VI. — BRONZES DITS BRONZES D'ART.

Ces sortes de bronzages sont assez variés, car chaque bronzeur adopte la manière et la teinte qu'il croit être la meilleure et la plus courante pour le travail.

Nº 11. *Bronze à deux couches.*

On obtient de très-jolies teintes par le mélange suivant.

Pour 1 litre de vinaigre :

Sanguine en poudre. . . . . 125 gram.
Plombagine. 25

On mélange le tout ensemble dans une bouteille, et après avoir donné une couche du vert

n° 1 que l'on ne laisse pas trop foncer et avoir
séché sa pièce, comme il est dit, avec les brosses
et les pinceaux, on enlève tout le vert-de-gris, on
donne le lendemain une couche avec la dissolution n° 11 que l'on sèche aussi avec des pinceaux
qui ne doivent pas servir de nouveau sans avoir
été lavés comme je l'ai déjà dit ailleurs, puis le
lendemain, on brosse la pièce avec une brosse
rude, après avoir ressuyé les hauteurs avec le
chiffon humide, on passe la pièce à la carde si
ce sont des ornements et à la gratte-boësse de
chef-d'œuvre, si c'est une statuette, puis en sau-
poudrant de la sanguine sur un carton, on en
prend avec le petit morceau de peau comme dans
la méthode n° 4 et on brosse par-dessus avec une
brosse douce à la cire pour fixer la sanguine qui
a servi à teinter les hauteurs d'un rouge léger;
on passe le lendemain une couche de vernis blanc
ou vernis conservateur de Bida que l'on emploie
comme je l'ai dit dans la recette n° 8 pour le florentin. On peut laisser ce vernis seul, et avant
qu'il ne soit trop sec, on met sur une planche un
peu de bronze ou poudre, on verse quelques
gouttes d'esprit-de-vin sur une autre partie de la
planche, on passe dessus le bout d'un pinceau de
soies blanches, on enlève un peu de bronze en
poudre, on le fait prendre légèrement par le frottement du pinceau sur les parties que l'on veut
éclairer; on passe ensuite sur ces parties la brosse
à la cire. Ces retouches doivent être faites assez
habilement pour que l'on ne s'aperçoive pas à la
livraison que l'on s'est servi du bronze en pou-

dre. Ce bronze fait aussi très-bien sur les animaux.

N° 12. *Bronze d'art à une seule couche.*

Pour 1 litre de vinaigre :

Sanguine en poudre. . . . . 125 gram.
Plombagine. 25
Sel ammoniac. 32
Alcali ou ammoniaque liquide. . . 32
Sel marin. 32

On peut, si l'on veut, remplacer la sanguine par
la terre d'ombre bien broyée à l'eau ; ce bronze
s'emploie d'une seule couche comme le précédent du n° 11.

N° 13. *Bronze fonds noirs.*

Pour ce bronze, on ne décape pas, on se contente d'enlever le noir de fumée des soudures ou
les corps gras, s'il y en a, car les inégalités du
cuivre, s'il y en a dans la pièce, font très-bon effet. On couvre cette pièce de mine de plomb,
comme dans la recette du florentin donnée au
n° 8, puis après l'avoir séchée, ressuyée au chiffon humide, on la passe aussi à la carde et l'on
applique dessus une couche de vernis conservateur de Dida ou de tout autre vernis blanc à l'esprit-de-vin ; on produit de cette façon un bronzage qui imite très-bien la teinte des animaux de
M. Mène. On peut, dans le même bronze, ajouter
un peu de noir de fumée dans le vinaigre avec la
plombagine, si l'on désire avoir les fonds tout à
fait noirs.

N° 14. *Même bronze genre fumé.*

Après avoir bronzé la pièce comme dans la méthode précédente, on remplace le vernis conservateur par du vernis jaune-orange à imiter la dorure et que l'on réclaircit à l'esprit-de-vin. On fait très-légèrement tiédir la pièce, on couche ce vernis très-clair sur toute la pièce, on la repose sur la poêle de poussier pour la faire réchauffer de nouveau, et après avoir essoré le pinceau sur le bord du pot au vernis, on retouche les hauteurs de la pièce pour les faire un peu plus brunes que les fonds qui ont une teinte noirâtre et qu'il faut éviter de faire trop brillants. On obtient ainsi une jolie teinte imitant le bronze fumé.

N° 15. *Bronze d'art à fond brun.*

Après avoir préparé la pièce comme dans la recette à la plombagine et à la sanguine du n° 11, on termine par la méthode que je viens de donner au n° 14, et l'on a un fond brun qui imite très-bien les animaux de M. Bonheur.

N° 16. *Bronze couleur chêne.*

Pour 1 litre de vinaigre :

Sel ammoniac............	30 gram.
Ammoniaque liquide.......	30
Sanguine en poudre........	125

Après avoir mis le vinaigre dans la bouteille, on y fait fondre le sel ammoniac, on verse ensuite la sanguine, puis l'ammoniaque liquide, et on re-

mue bien pour faire le mélange. Il faut, autant
que possible, laisser la dissolution s'opérer jusqu'au lendemain. On la remue quand on doit s'en
servir, et on l'emploie comme la recette du vert
n° 2; si l'on veut une teinte moins rouge, on ajoute
un peu de plombagine pour la seconde couche et
après avoir bien séché, ce qui est nécessaire, car
il faut éviter que le vert ne pousse dans le fond
des ciselés, on laisse reposer la pièce au moins jusqu'au lendemain ; alors on éclaircit avec la brosse
douce à la cire, puis on la fait tiédir légèrement
sur la poêle de poussier et avec le pinceau, on la
couche partout de vernis jaune-orange; on brosse
ensuite avec une brosse noircie de plombagine
pour effacer le glacé du vernis; on raccorde ainsi
très-bien les objets en bronze montés sur le bois
de chêne, comme se font quelquefois les lampes
ou potiches.

Le vernis orange-jaune est composé :

D'esprit-de-vin ;
De rocou ;
De safran ;
De gomme laque.

La fabrique Dida est la plus renommée pour
ces sortes de vernis.

Section VII. — BRONZES FUMÉS.

Ce genre de bronzage à la fumée se fait pour
se rapprocher des teintes de bronzes anciens. Il
s'agit ici de donner une apparence d'ancienneté
au bronze, soit dans les teintes vertes à différents

degrés en allant jusqu'au vert antique presque
noir, de même qu'on le fait pour les bronzes florentins qui doivent ressembler aux bronzes vieil-
lis dans les appartements. On obtient très-bien
cet effet, en les passant à la fumée dans le four
dont nous avons donné la description à l'article
de l'outillage. La fumée qui s'est attachée chaude
sur le bronze qui est également chaud, acquiert
au bout de quelques jours une solidité aussi forte
que la laque. Ce bronze devient plus beau en vieil-
lissant par l'effet de l'époussetage et de l'essuyage
des superficies occasionnées par les soins journa-
liers des domestiques.

On peut passer à la fumée les bronzes suivants :

Vert antique de la recette n° 1.
Vert de la recette n° 2.
Vert de la recette n° 3.
Vert de la recette n° 4.
Le bronze florentin n° 7.
Le bronze n° 8.
Le bronze n° 10.
Le bronze n° 11.
Le bronze n° 13.

On fait fumer sans vernis ou on lui donne une
couche légère de vernis jaune.
Le bronze n° 14.

N° 17. *Bronzes mordorés.*

Ce bronzage se fait en décapant d'abord la
pièce; on lui donne un fond de plombagine que

l'on sèche de suite, on ressuie les hauteurs au chiffon humide, puis on brosse avec la brosse rude, on passe la carde, on donne ensuite une légère couche de vernis jaune, puis on passe à la fumée; on a ainsi un fond noir et les hauteurs à reflets jaune d'or.

N° 18. *Bronze fumé mordoré brun.*

On fait ce même bronze d'une teinte plus brune, en chauffant davantage la pièce dans le four, en exposant à la fumée plus longtemps.

N° 19. *Bronze mordoré rouge.*

Après avoir préparé la pièce comme au n° 17, on remplace le vernis jaune par le vernis au sang-dragon pur ou en y mêlant de l'orseille.

Manière de passer à la fumée. — Tous les bronzes étant préparés à l'avance, on les pose sur la grille en attachant des fils de laiton à celles qui peuvent se suspendre après les tringles; on commence donc par préparer ses crochets, et tout étant prêt, on allume du charbon de bois dans le foyer pour chauffer le four jusqu'à une température tiède; plus le four sera chaud, plus les bronzes seront foncés, car la fumée brunit en chauffant. Quand le four est suffisamment chaud, on accroche les pièces après les tringles assez éloignées l'une de l'autre pour qu'elles ne se gênent pas, on pose les grilles et on ferme le four en laissant la clef du tuyau ouverte pour que la buée qui sort de l'intérieur des pièces puisse s'échapper,

puis on lève un coin du rideau pour tâter les
bronzes avec la main; s'ils sont tièdes, on referme
la clef, puis ayant cassé des mottes à brûler par
petits morceaux, on les sème sur le charbon en
évitant la flamme et l'on referme les portes du
foyer, on regarde au bout de quelque temps si
le feu marche bien; si l'on voit de la flamme, on
l'éteint en jetant à cette place du poussier de
mottes; puis la fumée étant passée, on ouvre le
four pour regarder les teintes, on retire les pièces
qui sont bien réussies et on laisse les autres pour
une seconde fumée. Quand on défourne les pièces,
il faut éviter de les toucher, on met un gant, on
les tient par les crochets et on les suspend à une
tringle dans l'atelier jusqu'à ce qu'elles soient
froides. Sur des bronzes verts, il est bon de passer
sur les statuettes un tampon de laine frotté sur
la cire pour enlever le pouacrage de la fumée.

Nº 20. *Bronze fumé imitant les bronzes chinois.*

On donne d'abord une couche avec le vert de
la recette nº 1, et l'on sèche aussitôt que l'on voit
le cuivre oxydé; on ne doit pas avoir de vert-de-
gris. Une heure après, on la frotte avec un pinceau court de soies que l'on passe sur la plombagine sèche, puis on laisse reposer cette pièce
jusqu'au lendemain et on l'attache au bout d'un
mandrin qui consiste en une barre de fer. On fait
chauffer en produisant une forte fumée de foin
et on tourne la pièce au milieu pour faire prendre
la fumée sur toutes ses surfaces; enfin, on fait

flamber le foin pour brunir la fumée et la sécher, puis, quand la pièce est refroidie, on met un peu de rouge anglais sur une peau de gant ou de chamois, et on frotte la pièce avec cette peau pour l'éclaircir : on peut après passer le tampon de laine à la cire. On obtient de cette façon un bronze qui imite très-bien les potiches en bronze chinois.

Section VIII. — BRONZES VERNIS A L'ESSENCE.

No 21. *Bronzes vernis ordinaires.*

Ces vernis sont composés de résine et d'huile siccative, ils sont blancs et on les achète dans le commerce sous les noms de vernis de Hollande et vernis copal ; ils remplacent dans le bronzage les vernis à l'esprit-de-vin qui ont servi pour les bronzes précédents et servent de mixtion pour faire prendre les poudres de bronze.

Tous les fonds se préparent comme dans les bronzes précédents, soit verts ou noirs ou bruns à la sanguine, mais la manière de terminer est différente. On donne ici une couche de vernis de Hollande ou de vernis copal, et une heure après, c'est-à-dire avant que le vernis soit sec, on fait prendre le bronze en poudre ; voici, du reste, la manière d'opérer : On verse le vernis dans un pot bas à confiture et à fond plat auquel on attache un fil-de-fer dans le haut et qui le traverse diamétralement ; ce fil sert à essorer le pinceau qui doit être plat et en forme de queue de morue. On étale avec ce pinceau le vernis sur la pièce, après avoir eu soin d'abord d'éclaircir ce vernis avec de l'essence s'il est trop épais, puis on ressuie avec un autre pinceau que l'on a sous la main si on a fait des coulages, ce que l'on doit surveiller avec soin avant d'abandonner sa pièce ; alors on laisse sécher environ une heure et on pose un peu de bronze en poudre sur la planche. La poudre jaune s'allie mieux avec les fonds verts, et le rouge mêlé de jaune avec les fonds noirs. On verse sur la même planche quelques gouttes de l'essence que l'on a dans une petite bouteille basse et à petit goulot étroit, on humecte avec les bouts des soies d'un pinceau de soies blanches et longues qu'on passe légèrement sur le bronze en poudre, et on fait prendre sur la mixtion, qui a été posée en frottant légèrement avec le pinceau, les superficies de la pièce. On laisse alors sécher jusqu'au lendemain, puis on brosse à la cire avec une brosse douce et courte de soies blanches. On peut, si l'on veut, passer la brosse sur la sanguine si l'on a posé du bronze jaune ; on obtient alors une teinte un peu rosée.

Il est facile, dans ces bronzes, de varier beaucoup de teintes par le mélange des bronzes en poudre de couleur.

Or vert.
Or jaune clair.
Or jaune mat.
Or jaune orange.
Florentin pâle.
Florentin rouge.
Florentin lie de vin.
Blanc d'argent clair ou mat.

Les bronzes couleur fer se font en préparant un fond noir à la plombagine à laquelle on mêle un peu de sanguine, puis on éclaire les hauteurs avec le bronze en poudre d'étain. On peut, si l'on veut, faire le fond avec de la terre d'ombre qui donne un fond couleur de rouille.

Nº 22. *Bronze médaille.*

On a fait aussi une autre teinte qui a été appelée dans son temps bronze médaille et bronze d'art. Le premier fond est noir ou verdâtre et on pose ensuite le vernis de Hollande; ensuite, le vernis étant à demi-séché, on verse sur une feuille de papier blanc du bronze en poudre couleur verdâtre, on en prend en plein avec un blaireau sec, on pose aussi en plein sur la pièce bronzée qui, étant à demi-sèche, n'en prend que la poudre la plus légère, puis on époussète en balayant avec le blaireau et faisant tomber l'excès de la poudre dans la feuille de papier au-dessus de laquelle on opère, il en est resté assez sur la pièce pour donner un joli reflet verdâtre qui imite la gorge de pigeon. On se sert avantageusement de cette manière pour faire les effets d'eau sur les petits bronzes, ou on peut remplacer l'étain en poudre par l'argent en poudre pour faire des poissons sur lesquels on peut obtenir un reflet rose avec le bronze en poudre florentin par-dessus la poudre d'argent; c'est de cette manière qu'avait été faite toute une exposition de bronzes allemands à l'exposition de l'industrie de 1855.

Il faut avoir soin de prendre les bronzes en

poudre de belle qualité et très-fine ; ce que l'on constate en trempant dedans le bout du doigt que l'on essuie sur la paume de la main ; on voit alors s'il y a des paillettes, car si l'on emploie du bronze commun on a de la perte, puisqu'il ne prend pas sur le vernis.

N° 23. *Autre recette de bronze médaille.*

Il y a encore une autre manière de relever tous ces bronzes. Pour cela on verse sur un marbre un peu d'essence et de vernis, on y mélange la poudre de bronze de la couleur que l'on veut, par exemple du bronze en poudre jaune, avec un peu de sanguine, ou du bronze rouge avec le jaune de chrome, on broie le tout avec une petite molette en verre, on remouille avec l'essence ; à mesure que le mélange se sèche, on l'étale un peu sur le marbre, on frotte dedans le bout d'un blaireau court de soies et on pose sur la pièce en agitant la main comme pour une friction. Il ne faut pas rester trop longtemps à la même place, car on ferait lever la couche de vernis. Cela fait, on laisse sécher à l'air jusqu'au lendemain, puis on passe la brosse à la cire et on peut encore produire des effets en se servant du bronze sec à l'essence comme dans la recette n° 21.

N° 24. *Bronze anglais.*

On donne une couche de mine de plomb au vinaigre ; la pièce ayant été séchée à la brosse ou au pinceau, on donne une couche de vernis à l'essence très-légère, puis on délaie un peu de bronze verdâtre dans du vernis à l'essence, ce bronze en poudre perd de sa couleur, on trempe dedans les soies du pinceau et on barbouille la pièce que l'on fait sécher à la moufle ou sur un feu doux, ensuite on donne une couche de vernis à l'esprit-de-vin. C'est ainsi qu'on décore des lampes, des bougeoirs et des vide-poches.

Section IX. — BRONZAGE DES FONDEURS DE GRANDS OBJETS.

Une grande statue en bronze est un objet d'art très-difficile à exécuter, et bien des personnes ignorent, en la voyant terminée, que cette pièce a été coulée en plusieurs morceaux. En général, le sculpteur et le fondeur s'entendent pour couper le modèle dans les parties qui paraissent être les plus avantageuses pour les raccords. Chaque morceau du modèle ainsi divisé se moule séparément dans le sable, que l'on durcit en tapant avec la batte, et ce moule se trouve ainsi composé d'une infinité de petites pièces suivant le contour ou les plis du modèle ; ces pièces, qui sont partagées en autant de morceaux que cela est nécessaire pour qu'on puisse les enlever l'une après l'autre de dessus le modèle, sans s'égréner, sont ensuite rapprochées toutes les unes des autres, en les maintenant dans une seconde enveloppe également en sable, qui est elle-même maintenue par des châssis en fer. On fait alors chauffer ce moule à l'étuve et on coule dedans la matière du bronze.

Quoique toutes les parties distinctes qui compo-

sent le moule aient été soigneusement rapprochées les unes des autres, il existe toujours des
coutures qui ont besoin d'être réparées par le ciseleur. Dans cette opération, le cuivre se trouvant attaqué à vif par le ciseau, prend une teinte
différente des autres grandes parties du bronze
que l'on ne cisèle pas, et sur lesquelles on ne fait
que passer la carde pour les nettoyer. Celles-ci
conservent donc la teinte de la fonte, il se produit un effet disparate avec les parties ciselées,
et cette variété dans la teinte nécessite la mise
en couleur. Il y a même encore les raccords d'ajustage pour lesquels on est souvent obligé d'enlever du jet de fonte.

Nº 25. *Bronze à l'hydrosulfure.*

Le bronzage que l'on produit sur ces grands
objets est très-simple; on verse dans :

Eau de rivière. . . . .   2 litres.
Hydrosulfure de potasse. . . . . . 100 gram.

et on badigeonne entièrement avec ce liquide la
pièce, qui prend une teinte noire déterminée par le
soufre que contient cette dissolution. Si cette première couche ne couvre pas assez, on en donne une
ou deux autres avec la même solution, en ayant soin
de laver chaque fois à l'eau propre avec une
éponge, et on laisse l'eau se sécher seule. On ramène ensuite les teintes cuivrées sur les hauteurs
avec la carde.

Le bronze en alliage rouge se fait plus vite que
le jaune. Ce bronze, comme on le prépare ordi

nairement, n'est pas beau, et il a le désagrément
d'être un temps infini à prendre l'oxyde vert-de-
gris, et lors même qu'il a été exposé aux injures
du temps, il conserve encore très-longtemps sa
teinte noire.

Il vient mieux si après qu'il a été noirci entièrement, on récure toutes les hauteurs au sablon.
On remet ensuite 6 litres d'eau dans la dissolution
pour la rendre extrêmement faible et on s'en sert
pour relaver la pièce ; alors les parties que l'on a
récurées prennent une teinte légèrement bronzée
qui s'allie très-bien avec les fonds noirs.

N° 26. *Bronze à l'eau.*

Le bronze vert de la recette n° 6 fait très-bon
effet sur les grands bronzes; on peut le produire
par une seule couche, en forçant les doses d'ammoniaque et de sel; on relève ensuite les hauteurs avec la sanguine en poudre, que l'on emploie en en mettant un peu sur une planche et
mouillant le bout des soies d'un pinceau avec de
l'essence ou de l'esprit-de-vin. On prend avec un
peu de la sanguine et on en frotte les parties que
l'on veut teinter en rouge, puis on brosse avec la
brosse à la cire, le bronze se continue de lui-
même quand il est exposé à l'action de l'air et de
la lumière.

On fait aussi ces bronzes avec les verts anti-
ques n° 1, n° 2, n° 3 et n° 4, qui peuvent également aller à la pluie.

Section X. — BRONZAGE DES MÉDAILLES.

Il y a plusieurs moyens de donner une belle teinte de bronze aux médailles; en voici d'abord un qui est peu connu, qui fait très-bien, et résiste assez à l'eau pendant un certain temps.

Il faut pour les médailles, comme pour les autres bronzes, commencer par les dégraisser et les nettoyer, car elles ont toujours été salies par le travail et par les mains, soit qu'elles aient été faites au balancier, soit par la galvanoplastie. On débute donc ici par un lessivage, ainsi que je l'ai indiqué au commencement de ce Manuel; et si après le lessivage la médaille est encore malpropre, on prend une brosse courte et on la récure avec de la ponce en poudre très-fine, afin d'éviter le passage à l'eau-forte, qui fatigue et altère toujours un peu le métal.

N° 27. *Bronze à l'hydrosulfure.*

Pour 1 litre d'eau de rivière, on prend :

Hydrosulfure de potasse. . . . . . 10 gram.

on met de cette dissolution dans un vase, on y plonge la médaille qu'on y laisse jusqu'à ce qu'elle ait acquis une teinte noire, puis on la rince à l'eau propre, on la brosse avec la ponce pilée de manière à laisser les fonds noirs et à ramener la couleur cuivre sur les hauteurs et la face de la médaille, ensuite on retire les 9 dixièmes de la liqueur du vase, on remet autant d'eau de rivière, et dans ce second bain on repasse la

médaille que l'on ne fait que tremper et que l'on
retire de suite en la rinçant à l'eau propre, puis
à l'eau chaude pour faciliter son séchage à la
sciure de bois. Cette eau chaude a aussi l'avantage de faire monter la teinte sur les parties que
l'on a récurées.

En cet état, on la met au baquet à gratte-
boësser, on l'éclaircit à l'eau en la gratte-boës-
sant avec le chef-d'œuvre, puis on la repasse à
l'eau chaude, on la sèche à la sciure et l'opération est terminée.

Nº 28. *Bronze à l'hydrosulfure, à la sanguine et la plombagine.*

On peut varier cette teinte en faisant une bouillie de :

Sanguine en poudre.	9 parties.
Plombagine.	1

que l'on délaie à l'esprit-de-vie ; on barbouille la
médaille avec cette bouillie par dessus le premier
bronzage que nous venons de faire connaître et
on laisse sécher jusqu'au lendemain, puis on
brosse et on a un bronze plus clair que le précédent : on imite très-bien par ce procédé les médailles de la Monnaie, si ce n'est le coup de balancier qu'elle donne après le bronzage, qui rend
un effet qu'il est impossible d'imiter autrement.

On fait aussi par bronzages les lettres d'ensei-
gnes qui sont exposées à la pluie.

No 29. *Imitation du bronze à canons.*

En se servant de ces deux procédés sur cuivre jaune, on imite très-bien le bronze des canons.

No 30. *Bronze vert antique.*

Ici on donne à la médaille une couche du vert antique no 1, et quand la médaille est séchée à la brosse, et pendant qu'elle est encore humide, on prend un peu de sanguine au bout des soies et on en couvre légèrement la médaille, puis on la laisse sécher pendant une heure, et on l'éclaircit à la brosse en teintant un peu avec la mine de plomb sèche.

On trouve encore d'autres procédés dans divers Manuels. C'est pourquoi je crois inutile de les donner ici.

CHAPITRE II.

Bronzage des objets de ménage, d'ameublement et de bâtiment

———

§ 1. BRONZAGE DES OBJETS EN MÉTAL.

No 31. *Bronzage des tringles de gardes-cendres imitant le fer poli.*

Ce bronze se fait en mélangeant 6 parties de chlorure d'argent et une partie de sel ammoniac en poudre que l'on broie ensemble, et qui forment une pâte de blanchiment. On emploie cette pâte à l'état humide avec un chiffon ; on en frotte la tringle qui prend le blanchiment d'argent et on la met ensuite tremper dans une solution de

Hydrosulfure de potasse. . . . . . 10 gram.
dans

Eau de rivière. . . . . 1 litre.

La tringle prend alors une teinte noire par dessus laquelle on brunit avec le polissoir des doreurs en se servant de la plombagine pour faire glisser l'outil.

On obtient une teinte plus noire en remplaçant le blanchiment d'argent par un cuivrage de cuivre rouge par-dessus lequel on brunit également.

N° 32. *Bronzage des bouilloires, cafetières, veilleuses ou autres objets allant au feu, etc.*

Ces objets se font presque toujours en cuivre rouge laminé. Tous ceux qu'on trouve dans le commerce de la quincaillerie se bronzent très-bien avec la préparation d'hydrosulfure que j'ai donnée au n° 27. Dès que la pièce a atteint sa teinte brune, on la rince à l'eau propre et on la gratte-boësse ; elle est ensuite brunie sur le tour avec le polissoir ou la pierre sanguine dont se servent les doreurs ou argenteurs sur métaux.

N° 33. *Bronzage des mêmes objets.*

On produit encore sur ces mêmes objets un bronze solide par le mélange de

Sanguine en poudre. . . . . 10 parties.
Plombagine. 4

dont on fait une bouillie en délayant ces matières
à l'esprit-de-vin, puis on couvre l'objet d'une
couche égale avec un pinceau, on le laisse sécher
une heure, puis on tient au-dessus d'un brasier
de charbon de bois et on fait chauffer fortement
en tournant dans tous les sens; ensuite on laisse
refroidir et on brosse avec une brosse courte de
soies et on brunit au polissoir ou la pierre à brunir, en se servant de plombagine pour faire glisser l'outil. Il n'est pas besoin de dire que si une
partie de l'objet que l'on veut bronzer était en
cuivre jaune, comme il arrive quelquefois dans
les pieds de veilleuse, il faudrait la galvaniser de
cuivre rouge avant le bronzage pour avoir la
même teinte que sur les autres parties de l'objet.

Nº 34. *Bronzage de fer fondu.*

La meilleure manière de bronzer le fer est de
le couvrir de cuivre par le bain de sulfate, en le
nettoyant d'abord avec le tartre de vin et se servant de la brosse et du sablon pour le nettoyer et
enlever la rouille, comme on l'explique dans le
Manuel de la Galvanoplastie. Le fer ainsi cuivré
assez fortement, on fait les bronzages que j'ai déjà
indiqués pour les bronzes fondus. C'est ainsi que
sont faits les candélabres en fonte de fer et galvanisés de cuivre et bronzés vert antique des rues
et boulevards de Paris, les fontaines de la place
de la Concorde, etc.

Nº 35. *Bronzages des peintres en bâtiments.*

Les peintres en bâtiments font le bronzage du

fer en donnant une couche de couleurs à l'huile
de lin pour le fond, et terminent avec les recettes
du bronze en poudre, qui ont été données plus
haut ; mais l'huile de lin étant très-longtemps à
sécher sur les métaux, il vaut mieux la remplacer
par l'essence et le vernis de Hollande, en broyant
avec les ingrédients suivants, que j'ai déjà donnés
pour les bronzes au vinaigre, et qui sont :

> la plombagine,
> la sanguine en poudre,
> la terre d'Ombre,
> la terre de Sienne,
> les cendres vertes,
> le jaune de chrome.
> le noir de fumée.

On fait un choix dans ces couleurs d'après la
teinte du fond que l'on veut produire, puis, quand
on a couché sa couleur sur le fer , on donne
par-dessus une couche de vernis à l'essence et on
termine par les bronzes en poudre comme dans
les recettes nos 21 et 22.

Nº 36. *Bronzage couleur d'eau au feu.*

On fait ainsi les tringles en fer des gardes-cen-
dres, les pelles et les pincettes, les têtes de clous.
On commence par bien nettoyer le fer, on le polit
ensuite au polissoir. On dispose une poêle de
poussier de charbon bien allumé et on y pose
la pièce qui doit être couverte également avec
le poussier pour chauffer partout aussi vite dans
un point que dans l'autre. Le fer devient d'abord

d'une teinte jaunâtre, puis d'un beau bleu et
enfin plus noir. C'est dans cette opération la couleur bleue qui est la plus difficile à obtenir bien
égale, car cette couleur passe très-vite au noir,
pour peu que l'on chauffe trop pour faire arriver
les parties en retard. Quand la pièce est encore
tiède on la frotte avec un tampon et du suif
de chandelle ou du saindoux pour empêcher la
rouille.

On bronze le fer en noir et on le préserve de
la rouille en faisant chauffer la pièce et en la barbouillant quand elle est encore chaude avec de
la poix de cordonnier posée légèrement; on la
fait chauffer jusqu'à ce qu'elle ait acquis une teinte
égale noire.

N° 37. *Bronzage du zinc ou composition.*

Lorsqu'on a commencé à imiter le bronze avec
le zinc, on l'employait à peu près pur; mais comme
ce métal est très-cassant et qu'il offre assez de
difficulté pour le travail, on fait maintenant une
composition de zinc, d'étain et de régule, que
chaque fabricant allie dans des proportions va-
riables et à sa manière; ces métaux ne prenant ni
l'un ni l'autre la teinte du bronze, il est nécessaire de les galvaniser pour les bronzer. Cette galvanisation se fait tantôt en cuivre rouge, tantôt
en cuivre jaune, suivant les teintes de bronze
qu'on veut imiter. Comme ce cuivrage se donne
toujours très-léger, il ne peut supporter l'acide
du vinaigre que l'on remplace par la colle de
Flandre que l'on fait fondre à l'eau chaude, qu'on

filtre à travers un linge et qu'on introduit dans le mélange des matières délayées à l'eau qui doivent servir à faire le fond de la couleur que l'on veut, en prenant les mêmes ingrédients qui sont donnés dans le bronzage du fer sous le n° 35.

Le plus souvent on fait un fond noir ou brun en mélangeant le noir de fumée ou la plombagine avec la sanguine en poudre; puis, lorsque le fond a été posé comme il est dit, à la colle de Flandre, en séchant légèrement au pinceau, on ressuie les hauteurs et on attend au lendemain pour donner la couche de vernis à l'essence et poser le bronze en poudre ou la sanguine en opérant comme dans les recettes nᵒˢ 21, 22, 23.

On peut faire aussi les bronzes florentins qui n'ont besoin que de chauffer légèrement.

On produit une assez belle teinte verte à fonds poudreux en mélangeant de la cendre verte et du jaune de chrome qu'on délaie à l'essence dans laquelle on introduit un peu de vernis de Hollande, après avoir broyé sur le marbre. Ce vernis sert à faire tenir; puis, avec un pinceau, on couvre la pièce, et le lendemain, quand elle est sèche, on passe légèrement une couche du même vernis à l'essence sur les hauteurs pour y faire prendre le bronze en poudre qui est ordinairement le jaune; puis on passe dessus la brosse à la cire, et il n'est pas mal de déguiser un peu le bronze en poudre en teintant légèrement avec la plombagine ou la sanguine.

Il faut avoir soin, pour produire cette teinte, de mettre peu de vernis dans le vert, car on aurait alors un fond brillant, tandis qu'il doit imiter le vert-de-gris poudreux.

§ 2. BRONZAGE DES OBJETS EN PLATRE.

Le plâtre est une matière très-périssable, quand elle est exposée à l'air libre et aux agents atmosphériques ; il faut donc, si on veut conserver les objets moulés en cette matière, la soumettre à des opérations propres à en assurer la conservation, surtout s'il s'agit d'objets d'art d'un certain mérite. En outre, le plâtre, par sa couleur blanche, n'est pas flatteur à l'œil, il se salit promptement par le dépôt de la poussière, et des préparations qui lui donnent l'aspect du bronze relèvent encore la valeur des objets.

Nous allons donc d'abord, mettant de côté beaucoup de recettes pour conserver les plâtres, rappeler la manière de préparer et d'appliquer l'enduit hydrofuge de Thénard et d'Arcet, puis nous procèderons ensuite au bronzage des pièces.

L'enduit hydrofuge de Thénard et d'Arcet exige qu'on chauffe le plâtre. Cette opération peut se faire à l'étuve ou au réchaud de doreur, seulement pour le plâtre la chaleur doit être ménagée et ne pas s'élever au-dessus de 100° à 120° C.

Pour préparer l'enduit, on prend de l'huile de lin pure qu'on convertit en un savon neutre, au moyen de la soude caustique. Lorsque la combinaison est opérée, on ajoute une dissolution assez concentrée de sel marin et on pousse vivement la cuisson jusqu'au moment où elle est assez avancée pour que le savon vienne nager sous forme de grains à la surface du liquide. On jette alors le tout sur un filtre en étamine, et lorsque le savon est bien égoutté, on le soumet à la pression pour en chasser le plus de lessive possible. En cet état, on fait dissoudre le savon dans l'eau distillée et ou passe la dissolution encore chaude à travers une toile fine.

D'un autre côté, on prépare une autre dissolution en mélangeant dans l'eau distillée 80 parties de sulfate de cuivre ou couperose bleue avec 20 parties de sulfate de fer ou couperose verte. On filtre la liqueur et après avoir fait bouillir dans un vase en cuivre bien propre, on y verse peu à peu la dissolution de savon jusqu'à ce que la solution métallique soit entièrement décomposée. Cette précipitation obtenue, on verse une nouvelle quantité de solution de sulfates de cuivre et de fer, on agite à plusieurs reprises et on porte à l'ébullition. Ainsi débouilli et saturé, le savon est lavé d'abord à l'eau bouillante, puis à l'eau froide, on le presse ensuite dans un linge pour l'essorer et le sécher le plus possible, et dans cet état, on en fait usage, ainsi qu'on va l'expliquer.

On prend 1 kilogramme d'huile de lin pure, qu'on fait cuire avec 250 grammes de litharge en poudre très-fine, on passe le produit à travers un linge et on introduit dans une étuve où on laisse déposer. Avec le temps ce produit se clarifie, et quand sa clarification est complète, on prend :

Huile de lin lithargirée et cuite. . 300 gram.

Savon de sulfates de cuivre et de
fer. . . . . 160 gram.
Cire blanche pure.. 100

On met ce mélange dans un vase en faïence et
on le fait fondre doucement au bain-marie ou à
la vapeur et on le tient en fusion pendant quelque temps pour laisser dégager un peu d'humidité qu'il renferme encore.

D'un autre côté, on fait chauffer la pièce en
plâtre à une température de 80 à 90° C. dans une
étuve, et pendant qu'elle est chaude, on y applique au pinceau le mélange précédent chaud et
en fusion.

Lorsque le plâtre se refroidit assez pour que le
mélange ne s'imbibe plus ou ne soit plus ab-
sorbé, on reporte à l'étuve, on fait chauffer de
nouveau de 80 à 90°, et on recommence à y appliquer une couche de la composition jusqu'à ce
qu'il ne puisse plus en absorber.

Ainsi imprégné, le plâtre retourne à l'étuve
jusqu'à ce que la composition soit complétement
absorbée, que les finesses et les creux ne soient
pas empâtés et paraissent avec tout leur relief ou
leur profondeur. Alors on retire de l'étuve, on
laisse refroidir à l'air dans un lieu couvert et
abrité, pendant quelques jours, ou du moins jusqu'à ce que l'objet ne répande plus d'odeur.

Pour terminer la pièce, on la frotte avec un
tampon de coton ou de linge fin et le travail est
achevé.

Si les pièces qu'on veut préparer sont petites,
comme de petits bustes, des médaillons, de légers

sujets, etc., et présentant un bon creux, on les
trempe tout simplement dans la composition qu'on
tient sur un feu clair. Pour bien opérer ce trempage, on dépose les objets sur une grille qu'on
fabrique avec du fil d'archal qui permet de les
plonger et de les retirer du bain sans y toucher
avec les doigts ou un outil.

Lorsque les plâtres sont de grandes dimensions,
on ne peut plus les manier aussi facilement et les
introduire dans une étuve ; il convient donc de
procéder autrement, en se servant pour cela du
réchaud des doreurs, dont nous croyons inutile de
donner ici une description.

On peut brûler dans ce réchaud du charbon de
bois ou de coke, mais dans tous les cas la manière d'en faire usage est fort simple. On prend
ce réchaud par le manche et on le présente ou on
le promène convenablement devant les parties
qu'on veut assécher et porter à une certaine température. Suivant cette température, l'ouvrier
charge son réchaud d'une plus ou moins grande
quantité de combustible, se rapproche ou s'éloi-
gne de la pièce et le tient plus ou moins perpen-
diculairement ou incliné sur celle-ci en raison
du but qu'il se propose d'atteindre.

Dans tous les cas, lorsque le plâtre est suffisamment chaud, on l'imprègne à la brosse avec l'enduit dont on a donné ci-dessus la composition et
qu'on tient en fusion sur le feu et bien chaud, et
chaque fois qu'on a chargé de composition, jusqu'à
saturation, on approche le réchaud et on chauffe
pour faire pénétrer dans le plâtre, puis quand

l'imbibition est complète, on répète le charge-
ment et le chauffage, jusqu'à ce que le plâtre ne
puisse plus rien absorber. Alors on promène le
réchaud, en l'approchant un peu plus près pour
fondre l'enduit, dégager les moulures, évider les
creux et découvrir les finesses et les parties délicates, afin de conserver le caractère de l'objet
d'art.

On peut, dans quelques circonstances, remplacer
la composition ci-dessus par de la stéarine ou de
l'acide stéarique qu'on fait pénétrer à l'étuve ou
au réchaud dans le plâtre, ou bien se servir pour
le moulage de plâtre durci à l'alun, au sulfate de
zinc, etc., ou bien mouler les objets avec les divers ciments très-résistants qu'on fabrique aujourd'hui.

Quoi qu'il en soit, c'est après ces opérations pour
la conservation des plâtres, surtout de ceux exposés au dehors ou à l'humidité, qu'on peut procéder au bronzage qui les décore et en même temps
assure encore leur durée ; et supposons qu'il s'a-
git de bronzer une statuette :

Si la statuette en plâtre que l'on veut bronzer
est moulée depuis longtemps et que le plâtre
soit sec, on la trempe d'abord dans un seau d'eau
froide, pendant une seconde, et on la retire. On
délaie à l'eau la teinte que l'on veut avoir en
prenant de la sanguine en poudre et de la plombagine. Si l'on veut un fond brun, ce mélange
doit être très-étendu d'eau, et après l'avoir bien
remué avec un pinceau de soies blanches de 4 centimètres, et faisant la pointe, on peint le plâtre

avec ce liquide, on égalise la teinte en retrem-
pant son pinceau dans un second vase où l'on a
mis de l'eau seule ; on enlève avec ce pinceau les
parties de la couleur qui sont en excès ou ont trop
d'épaisseur, et quand on voit ainsi la teinte bien
égale, on la laisse sécher jusqu'au lendemain. On
donne alors une couche de vernis de Hollande
éclairci à l'essence de térébenthine qui sert à fixer
la couleur brune, puis on laisse encore sécher.
Alors on dissout à l'esprit-de-vin de la gomme
laque comme il a été enseigné dans la recette
des bronzes florentin n° 8 ; on donne avec ce vernis une couche qui sert à encoler le plâtre. On
applique une deuxième couche six heures après,
puis une troisième à même intervalle, et le lendemain on donne une couche de vernis de Hollande assez épais et on laisse sécher jusqu'à la fin
de la journée. Si l'on voit que le plâtre boit encore le vernis, on redonne une deuxième couche
avec ce même vernis à l'essence ; puis le lendemain on termine par le bronze en poudre comme
dans les bronzes de ce genre aux recettes n°s 21,
22 et 23, qui se font sur les bronzes fondus. On
égalise ensuite la teinte avec un pinceau légèrement noirci de plombagine.

N° 38. *Bronze à fonds verts sur plâtre.*

On délaie d'abord à l'eau quatre parties de
cendres vertes, une partie de plombagine que l'on
mélange et que l'on pose comme dans la recette
précédente n° 38, pour faire le fond, puis on donne
la couche de vernis à la gomme laque et ensuite

les autres couches de vernis à l'essence aux intervalles indiqués précédemment, et quand la dernière couche de vernis est sèche, on pose le bronze
en poudre sur les hauteurs et on éclaircit ensuite
toute la pièce en brossant légèrement avec la
brosse douce à la cire et un pinceau court pour
aller dans les fonds. On délaie ensuite dans le
vinaigre coupé de moitié d'eau, six parties de
cendres vertes, une partie de jaune de chrome,
une partie de plombagine, on en couvre la pièce
partout en séchant au pinceau de manière à laisser le vert dans les fonds. Cinq ou six heures
après, on donne par-dessus une couche de vernis
de Hollande très-éclairci à l'essence pour fixer la
teinte. Il faut aussi que le vernis soit assez étendu
d'essence pour que les cendres vertes restent ma-
tes en séchant et fassent l'effet du vert-de-gris.
Ensuite, on relève les hauteurs une seconde fois
avec le bronze en poudre et on imite parfaitement de cette façon les bronzes fondus faits aux
acides.

On trouve encore dans les ouvrages consacrés
au moulage des plâtres, quelques autres recettes
pour leur bronzage que nous croyons devoir rappeler ici, quoique quelques-unes n'aient pas le
mérite de celles indiquées plus haut.

*Premier procédé d'imitation du bronze et de la
patine.* — On pose de l'or ou du bronze en coquille sur les rehauts ou les arêtes ou points cul-
minants de la pièce sur laquelle on applique ensuite la composition Thénard et d'Arcet que nous
avons fait connaître au n° 38.

Pour obtenir la patine rougeâtre qui recouvre certains bronzes, il suffirait d'augmenter dans la composition, la proportion du savon de fer ou de l'employer seul.

Deuxième procédé. — On délaie dans une solution étendue de colle-forte du bleu de Prusse, du noir de fumée et de l'ocre jaune. On enduit la pièce à plusieurs reprises avec cette solution jusqu'à ce qu'elle soit suffisamment colorée, et avant que la dernière couche soit complétement sèche, on trempe le bout d'un pinceau neuf dans de la poudre d'or mussif (sulfure d'étain) qu'on applique avec délicatesse sur toutes les parties culminantes de l'objet pour y produire l'effet de la patine antique.

Troisième procédé. — Broyer à l'huile de la terre verte dite de Vérone, et dès que la couleur commence à prendre quelque consistance, appliquez-la sur la surface du bronze. Puis avec le doigt appliquez sur les rehauts de l'or mussif en poudre et achevez par l'application d'un vernis. Quelques personnes rehaussent le bronze avec une poudre métallique blanche qui est un alliage à parties égales d'étain, de bismuth et de mercure, ou plutôt un amalgame des deux premiers métaux qu'on a broyé avec du blanc d'œuf et qu'on connaît dans le commerce sous le nom de bronze blanc moulu.

Quatrième procédé. — Appliquez d'abord une couche de dissolution de colle de Flandre, laissez sécher, détrempez ensuite dans cette même dissolution de la terre d'ombre et donnez au plâtre une seconde couche et même une troisième jusqu'à ce que vous ayez atteint la nuance voulue, et terminez en posant l'or mussif en poudre sur les parties saillantes. Lorsque le tout est sec, polissez les saillies à la dent de loup et lustrez toute la pièce avec une peau de buffle ou une peau chamoisée.

Cinquième procédé. — Lorsque le plâtre a été bien séché, on étend dessus une couche de vernis au bronze, puis une seconde couche de ce même vernis dans lequel on a incorporé un peu de rouge-brun d'Angleterre. Enfin, appliquez un vernis gras à l'huile, et dès qu'il commence à sécher, posez avec une brosse douce, l'or mussif ou du bronze blanc sur les parties saillantes.

N° 39. *Bronzage du plâtre couleur de fer.*

On délaie dans l'essence de térébenthine deux parties de sanguine et une partie de noir de fumée. On fait chauffer au bain-marie, puis on ajoute un peu de cire jaune ordinaire. On fait tiédir le plâtre et on le couvre de cette solution très-claire avec un pinceau, puis on met l'objet à l'étuve. On l'en retire quand le plâtre est imbibé de tout le corps gras de la cire, puis on saupoudre sur les fonds de la terre d'ombre en poudre très-fine pour imiter la rouille, et ensuite on fait prendre sur les hauteurs de la poudre d'étain avec un pinceau à l'essence, et le lendemain on met un peu de la même poudre sur la planche. On en prend au bout du doigt et on en frotte les chairs et la hauteur des plis de la statuette. De cette manière on obtient un effet métallique et brillant imitant très-bien le vieux fer poli.

On peut faire de même les autres teintes de bronze, mais ils résistent moins au toucher que les précédentes.

CHAPITRE III.

Nettoyage des bronzes et remise à neuf.

Pour nettoyer un bronze et le remettre à neuf, il faut d'abord s'assurer de sa nature et savoir de quelle manière il a été produit. Un œil exercé ne s'y trompe pas facilement. On peut, du reste, s'en assurer en faisant tiédir les bronzes sur lesquels on a quelque doute; les vernis gras ont toujours une odeur d'essence, et les vernis à l'esprit-de-vin conservent aussi toujours leur odeur, de même que les bronzes fumés ont toujours la leur quand on les fait légèrement chauffer.

On peut laver les bronzes au vernis gras avec de l'eau propre et un pinceau, puis les brosser à la cire ou leur redonner une couche de vernis clair de même nature. On peut aussi laver de même certains bronzes verts ou quelques-uns de ceux vernis à l'esprit-de-vin et les bronzes fumés, et si l'on craint qu'ils ne lèvent à l'eau, on se contente de les brosser, et l'on répare avec le ver-nis et les bronzes en poudre.

Quant aux bronzes verts qui ne sont pas vernis, il faut les passer dans une eau de potasse tiède pour enlever les taches de mouches ou de graisse et les brosser, ou bien leur redonner une couche de vert. Enfin on peut se contenter de réparer les parties enlevées par le frottement.

J'ai cru inutile d'entrer dans des détails plus étendus sur la fabrication des divers produits qui ont été employés jusqu'ici pour bronzer les métaux et les plâtres et que j'ai indiqués dans ce petit Manuel, détails qui se trouvent consignés dans le *Manuel du Fabricant de Couleurs et de Vernis*, et dans celui du *Fabricant de Produits chimiques* de l'*Encyclopédie-Roret*. D'ailleurs tout le monde peut se procurer ces produits partout et en bonne qualité chez les marchands de couleurs et de produits chimiques, principalement ceux de Paris et des grandes villes.

CHAPITRE IV.

Procédés de bronzage, de coloration et de patinage du cuivre sur laiton, sur fer et sur zinc.

On a donné dans les chapitres précédents toutes les formules les plus usitées dans l'industrie pour faire les bronzes verts, les bronzes florentins, les bronzes fumés, les bronzes vernis et anglais; mais il est encore certaines formules dont quelques-unes sont connues depuis longtemps; d'autres ont été proposées récemment, principalement en Allemagne, qui, sans avoir toute l'autorité que les précédentes ont acquise par la pratique, méritent néanmoins d'être connues. Nous les donnons ci-après pour compléter cet ouvrage et le mettre au courant des travaux les plus récents dans cette industrie.

Nous nous occuperons d'abord, dans ce chapitre, du bronzage du cuivre et du laiton, et des moyens de donner aux bronzes neufs, au cuivre et au laiton, la patine antique qui les soustrait à tout jamais à l'influence des agents atmosphériques, et les fait alors rechercher par les amateurs. Nous donnerons ensuite la description de quelques procédés pour bronzer, vernir et appliquer sur le fer et l'acier des enduits métalliques. Puis nous nous occuperons du zinc dont l'industrie fait de jour en jour des applications plus étendues, et des moyens de donner à ce métal une belle couleur noire solide analogue à une patine. Nous indiquerons enfin quelques recettes pour bronzer sur plâtre, bois, papier, carton, etc.

Section I. — BRONZAGE, COLORATION ET PATINAGE DU CUIVRE ET DU LAITON.

1° *Moyens propres à convertir superficiellement les objets de cuivre rouge en bronze ou en laiton, par* M. A. LEVOL.

Les personnes qui s'occupent de galvanoplastie, et qui voudraient donner aux épreuves qu'elles obtiennent si facilement la couleur et les qualités extérieures du bronze et du laiton, pourront arriver à ce résultat par les procédés dont suit la description.

Le sulfate de cuivre est le sel le plus généralement employé pour les reproductions galvanoplastiques ; mais les reproductions en cuivre rouge s'altèrent facilement, et leur couleur est d'ailleurs peu artistique.

Si l'on se demande pourquoi on se sert de préférence du sulfate de cuivre, on en trouve la raison, non-seulement dans le bas prix de ce sel que l'on se procure facilement dans le commerce, mais encore dans les difficultés que présente la précipitation avec adhérence de la plupart des autres métaux, et particulièrement celle des alliages par voie galvanique.

En opérant ainsi qu'il suit, le bronze et le laiton pourront être obtenus avec la plus grande facilité à la surface du cuivre rouge.

Pour le bronze, étamer la superficie des objets de cuivre par le procédé en usage pour les épingles, c'est-à-dire en les faisant bouillir pêle-mêle avec des grenailles d'étain mêlées avec une bouillie très-claire de crème de tartre. Une demi-heure suffit si l'ébullition a été bien soutenue, surtout si l'on a ajouté au mélange quelques gouttes de chlorure d'étain. L'objet ainsi étamé est bien rincé et essuyé, on le chauffe modérément jusqu'à ce qu'il ait pris la teinte bronzée que l'on désire.

Pour le laiton, on remplace le mélange précédent par des grenailles de zinc avec de l'eau saturée de sel ammoniac, et l'on fait bouillir de même. Lorsque la pièce a pris l'aspect du zinc, on la rince, on l'essuie, puis on la chauffe convenablement, c'est-à-dire jusqu'à ce qu'elle présente la couleur jaune du laiton. Pour accélérer le zincage, on peut aussi ajouter au bain une petite quantité de chlorure de zinc.

Si, par suite d'un coup de feu, les pièces présentaient des nuances irisées ou des taches, on les ferait disparaître en les frottant avec du tripoli ; s'il n'y a point de taches, il suffit de les gratte-boësser.

Il est très-aisé de se rendre compte des résultats que l'on obtient par cette méthode ; ils s'expliquent par la formation d'un alliage, bronze ou laiton, qui se produit par la combinaison qui s'opère sous l'influence de la chaleur du cuivre avec l'étain ou le zinc appliqués à la surface ; il est toutefois assez remarquable qu'une température très-inférieure au rouge, et qui ne dépasse pas 300° C., suffise, en pareil cas, pour produire la combinaison.

2° Moyens pour produire une belle patine antique sur les objets en bronze sans les enduire d'aucune dissolution saline, par M. L. ELSNER.

Pour former en très-peu de temps, sur les objets en bronze, une belle patine verte semblable à celle antique produite par le temps, et une longue exposition à l'air et à l'humidité, on se sert communément de dissolutions salines que l'on compose de différentes manières. Ce n'est pas ici le lieu de reproduire le nombre assez considérable de recettes qui ont été proposées pour cet objet.

Mais, quelque succès qu'aient obtenu ces procédés, j'ai pensé qu'on pouvait éviter complétement l'emploi des dissolutions salines pour patiner les articles en bronze, et, en conséquence, j'ai cherché à soumettre ces objets aux mêmes conditions et aux mêmes influences que celles qui développent sur eux avec le temps la patine antique, c'est-à-dire l'influence d'une atmosphère humide.

La patine verte consiste, d'après les analyses, en un carbonate d'oxyde de cuivre semblable à la malachite, et il est probable qu'elle se forme de la manière que voici : la surface du bronze commence d'abord par s'oxyder sous l'influence de la vapeur d'eau renfermée dans l'atmosphère, et l'oxyde qui se forme ne tarde pas à se combiner avec l'acide carbonique de cette atmosphère, de manière à produire ainsi le carbonate de cuivre qui constitue cet enduit.

J'ai donc cherché à imiter l'opération chimique qui a lieu dans la nature par un procédé purement artificiel, et j'ai réussi, en partant des mêmes principes, à produire une belle patine sur les objets en bronze, sans faire aucune dissolution saline. Voici la manière dont je m'y suis pris :

J'ai introduit du gaz acide carbonique dans un vase en verre à large ouverture qui avait été rempli préalablement d'une dissolution de sel marin. j'ai laissé encore dans ce vase une petite portion de la solution salée ; puis l'objet en bronze bien écuré, de manière à présenter une surface métallique parfaitement nette, a été plongé dans un mélange d'environ parties égales de vinaigre et d'eau, et aussitôt transporté dans la capacité du vase qui se trouvait rempli de gaz acide carbonique humide, et sur le fond duquel on avait laissé, ainsi qu'il vient d'être dit, une solution de sel marin de quelques centimètres de hauteur. L'ouverture du vase a été fermée alors avec une large bonde, et les fuites qui pouvaient exister entre celle-ci et le verre ont été bouchées avec un lut épais, composé de farine de graine de lin, de farine ordinaire et d'eau, qui devient très-dur en peu de temps. Sur la face intérieure de la bonde, on avait assujetti un crochet de cuivre, et c'est à ce crochet qu'on a suspendu, avec un fil de cuivre (le fer doit être rejeté à cause de la rouille), l'objet à patiner dans l'atmosphère d'acide carbonique.

Ainsi disposé, l'appareil a été abandonné à la température ordinaire, pendant quelques semaines, au bout desquelles il s'était déjà formé, dans les anfractuosités, une patine vert bleuâtre ; toute la surface de l'eau offrait l'aspect d'un bronze qui aurait été exposé pendant de longues années à l'influence d'une atmosphère humide.

Cette patine résiste parfaitement bien à l'air, et des pièces d'essai très-bien réussies ont été exposées à l'influence du temps sans éprouver le moindre changement.

Cette manière de produire une patine semblable à la patine antique pourrait également s'appliquer aux gros objets, en faisant l'opération dans de grandes caisses en bois, enduites à l'intérieur d'un bon mastic résistant à l'eau et revêtues de plomb à l'extérieur.

Plus on prolonge l'opération du patinage, plus aussi la pièce devient belle et se rapproche de celles de la nature ; seulement il faut éviter d'employer une trop grande proportion de vinaigre pour l'oxydation, parce que, dans ce cas, la patine se forme, il est vrai, plus promptement, mais peut être plus facilement enlevée et dissoute par des lavages à l'eau. J'ai tenté aussi d'ajouter du vinaigre à la dissolution du sel marin qu'on laisse sur le fond du vase pour favoriser la patine; mais j'ai remarqué, dans ce cas, que cette patine se dissolvait aussi aisément dans l'eau.

Le capitaine Hoffmann, auquel j'ai fait part de mes essais, m'a dit qu'il y a déjà plusieurs années il avait eu une idée pareille, et que ses expériences lui avaient fourni des résultats semblables.

Si l'acide carbonique qu'on emploie renferme même une très-minime portion de gaz acide sulfhydrique (lequel gaz peut être dégagé simultanément avec l'acide carbonique par l'addition d'une très-faible quantité de sulfure de fer à la craie dont on fait usage pour la production de l'acide carbonique), alors la pièce perd promptement à la surface, l'éclat métallique du bronze fondu et coulé, pour prendre une couleur brune particulière, et ce n'est que beaucoup plus tard que commence la formation du composé semblable à la patine antique, qui consiste en un carbonate basique d'oxyde de cuivre.

Du reste, cette circonstance que le cuivre et le bronze prennent, sous l'influence du gaz sulfhydrique, une couleur brune semblable à celle des vieux bronzes, est un fait d'expérience connu depuis longtemps, et qui d'ailleurs se présente journellement dans les laboratoires sur tous les ustensiles en cuivre qu'on y rassemble.

3° *Bronzage en noir du laiton, par* ELSNER.

Les applications des planches de laiton noir ou bronzé s'étant beaucoup étendues depuis quelque temps dans la fabrication des télescopes et lunettes de poche, j'ai été plusieurs fois consulté sur la préparation du laiton de cette espèce, et à cet égard j'ai fait quelques expériences dont je vais communiquer les résultats.

Pour préparer les planches de laiton noir bronzé, on peut se servir des substances suivantes : Une solution acide d'argent pur, dans l'acide azotique pur, ou une solution semblable de bismuth, ou bien de l'acide azotique seul, ou enfin une solution acide d'argent, renfermant du cuivre (une pièce de monnaie ordinaire, par exemple) dans l'acide azotique pur. On peut même faire usage d'une solution nitrique de cuivre.

Suivant qu'on se sert de l'une ou de l'autre des substances indiquées, le bronze varie de couleur; avec la dernière, il est toujours très-noir; la dissolution de bismuth donne en particulier un bronze d'un brun foncé intense; celle d'argent et de cuivre un bronze bien plus noir.

Dans tous les cas, le bronze acquiert une coloration noir foncé, lorsque le laiton, traité avec les solutions acides, est placé pendant quelque temps au-dessus d'une dissolution de foie de soufre, de sulfure d'ammoniaque, ou d'acide sulfhydrique liquide récemment préparé, de façon que le laiton se trouve plongé dans une atmosphère d'hydrogène sulfuré.

L'opération, par elle-même, est très-simple, et s'exécute de la manière suivante :

Les métaux respectifs sont dissous dans l'acide azotique pur de manière qu'il y ait excès d'acide. Cette dissolution s'opère sans avoir recours à une application de chaleur artificielle. La dissolution métallique, avec excès d'acide, est alors étendue à l'aide d'un pinceau sur la planche de laiton chauffée, et on continue à exposer à la chaleur jusqu'à ce que la surface du laiton soit séchée. Il ne faut pas employer une dissolution métallique trop concentrée, car autrement le bronze s'écaillerait par un brossage ou un frottage ultérieur; il vaut mieux étendre fortement la dissolution avec de l'eau de pluie, avant de l'appliquer, attendu que plus elle est étendue et plus par la suite le bronze adhère au laiton.

Aussitôt que la solution métallique a été évaporée sur la flamme, on frotte la surface du laiton, avec une peau sèche ou une brosse, afin de fixer le bronze uniformément. Si on a pris, pour enduire du laiton, de l'acide nitrique pur, il se forme à la surface du métal de l'azotate de cuivre, et il n'est pas besoin pour cet objet, de dissoudre du cuivre dans de l'acide azotique.

On peut répéter, à plusieurs reprises, l'opération de l'enduit, et un peu d'exercice fera connaître promptement les manipulations les plus convenables.

Si la couleur doit être le noir intense, alors on

pose le laiton traité par la dissolution saline, etc.,
ainsi qu'il a été dit ci-dessus, le côté enduit par-
dessous, sur les bords d'un vase dans lequel on a
versé une dissolution concentrée de foie de soufre,
ou une dissolution d'acide sulfhydrique, ou de
sulfure d'ammoniaque. Au bout d'une demi-heure,
la surface est devenue noir foncé, et l'opération
se termine en frottant la surface avec une peau
bien sèche.

Les laitons bronzés, ainsi qu'il vient d'être dit,
étant passés au laminoir, prennent un grand
éclat, sans que le bronze se détériore.

Quand on réitère les opérations de l'enduit du
laiton, avec les dissolutions en question, il faut
que les dernières soient très-concentrées; autrement l'acide libre dissoudrait le bronze déjà
formé. Il faut se garder aussi d'enduire la surface
bronzée avec une dissolution de sulfure d'ammonium, attendu qu'elle dissoudrait également le
bronze. Un excès d'enduit n'est pas nécessaire,
parce que le laiton prend aisément en peu de
temps la couleur noire, par son exposition à l'atmosphère d'hydrogène sulfuré. Si on voulait favoriser le dégagement de cet hydrogène sulfuré,
on pourrait verser un peu d'acide chlorhydrique
dans la dissolution de foie de soufre, d'où il résulterait que le laiton se trouverait plongé dans une
atmosphère plus chargée de corps gazeux.

Voici une autre méthode pour arriver au même
résultat :

Dans la construction des instruments d'optique
et autres appareils en laiton, il est parfois utile

de donner à cet alliage une couleur noir mat. Pour
cela, on prend une partie d'azotate neutre d'oxyde
d'étain qu'on fait dissoudre, et 2 parties de chlorure d'or qui ne soit pas trop étendu ; on mélange
les deux liqueurs et on enduit le laiton. Au bout
de 10 minutes on essuie les places chargées avec
un linge humide. Le noir est mat pur, quand on
a évité un grand excès d'acide dans les sels, et
très-durable.

4° *Bronzage du laiton, par* M. R. WAGNER.

On obtient un laiton d'une couleur noire très-
foncée en mouillant le métal avec une solution
étendue d'azotate de protoxyde de mercure, et
transformant la couche de mercure, qui s'est ainsi
formée à la surface de l'objet, en sulfure de mercure noir par des lotions répétées avec une solution de sulfure de potassium. Si on remplace la
dissolution de foie de soufre par une solution de
foie d'antimoine ou d'arsenic, on obtient un beau
bronze de laiton, dont la couleur peut varier du
brun foncé au brun-jaune. On prépare les sulfures d'antimoine et d'arsenic en faisant bouillir
du kermès ou de l'orpiment dans une solution de
foie de soufre.

5° *Procédé pour recouvrir les objets en cuivre d'un bel enduit gris bleuâtre, par* M. R. BÖTTGER.

En s'occupant, il y quelque temps, d'expériences pour produire à la surface des vases en cuivre
une couche de sulfure de ce métal, tant pour lui

donner un aspect plus agréable que pour le préserver de l'influence atmosphérique, le hasard a conduit M. Bœttger à la découverte d'une méthode dont on accueillera, je n'en doute pas, avec faveur la communication. Sans rappeler ici les inconvénients des méthodes proposées sur ce sujet, et au moyen desquelles on espère arriver au but, en portant, par exemple, avec un pinceau sur les pièces en cuivre, une solution étendue de sulfhydrate d'ammoniaque, de gaz acide sulfhydrique en solution, ou bien une solution de foie de soufre, etc., on indiquera de suite comment on peut écarter complétement toutes les circonstances défavorables, qui, dans l'application des réactifs ci-dessus indiqués font craindre le plus souvent une mal-façon des pièces et obtenir un enduit qui, tant par son bel aspect que par la facilité et la certitude avec lesquelles on le produit, ne laisse rien à désirer, et qui même trouvera certainement un grand nombre d'autres applications.

Pour donner, par exemple, à des instruments de physique en cuivre ou à des ustensiles de ménage en même métal, tels que théières, plats, etc., un bel enduit brillant gris bleuâtre (entre le gris de platine et le gris d'acier) propre à garantir complétement le métal de toute oxydation ultérieure, on les plonge, suspendus à un fil, dans une solution portée presque à l'ébullition de 1 partie en poids de sulfite antimonique, de sulfure de sodium (sel de Schlippe) dans 12 parties aussi en poids d'eau : on procède avec précaution, et en ayant soin que la pièce ne touche en aucun point ni les parois, ni le fond de la capsule en porcelaine dans laquelle on a opéré la dissolution du sel. Lorsque l'objet immergé a pris partout le ton et la couleur qu'on désire, ce qui, la plupart du temps, a lieu en peu d'instants, on le retire sans délai de la liqueur bouillante, on le plonge dans un vase rempli d'eau et préparé à l'avance, on l'essuie avec un linge, et l'enduit est terminé.

Dans le cas où on n'aurait pas tout préparé et en provision le sel de Schlippe, qui, comme on sait, se décompose aisément, je recommanderai le mode de préparation suivant, qui est à la fois simple et économique : On mélange immédiatement 4 parties en poids de sel de Glauber effleuri, 3 parties de sulfure d'antimoine finement pulvérisé, et 1 partie de charbon de bois en poudre; on introduit le mélange dans le creuset de Hesse, préalablement chauffé au rouge; on recouvre soigneusement celui-ci d'une toile, et on verse la masse aussitôt qu'elle a cessé d'écumer et que le sulfate est complétement réduit, dans une capsule en porcelaine avec une quantité d'eau suffisante, on y ajoute 1/2 partie de fleur de soufre, on fait bouillir le tout pendant quelque temps et on filtre enfin. La liqueur claire, qu'on étend encore au besoin d'eau, sert immédiatement pour opérer comme il a été dit ci-dessus.

6° *Coloration du laiton et du cuivre,*
par M. R. BÖTTGER.

Si l'on plonge une feuille de laiton parfaite-

ment décapée et polie dans une solution étendue
d'acétate neutre de cuivre, ne renfermant aucune
trace d'acide libre, on voit, aux températures
ordinaires, le laiton, au bout de peu de temps,
prendre une couleur d'or d'une très-grande
beauté. Si l'on enduit à plusieurs reprises du
laiton décapé et poli avec une solution très-éten-
due de chloride de cuivre, il devient mat et se
bronze en gris verdâtre. Si l'on chauffe du laiton
décapé et poli bien uniformément à une température telle qu'on puisse encore le tenir à la main
sans se brûler, et qu'on l'enduise ainsi chauffé
très-lestement avec légèreté et aussi uniformément qu'il est possible avec un tampon de coton
une seule fois avec le chlorure liquide des offi-
cines, on lui communique une belle couleur violette.

Pour bronzer du cuivre décapé et poli et lui
donner une belle couleur gris bleuâtre, il suffit
de l'enduire à la surface avec la liqueur qu'on
obtient en faisant digérer à chaud du cinabre
dans une solution de sulfure de sodium à laquelle
on a ajouté un peu de potasse caustique.

7° *Enduit d'antimoine sur cuivre,*
par M. DULLO.

Parmi les métaux qui n'éprouvent que peu ou
même point d'altération de la part de l'air atmosphérique et qui, par conséquent, paraissent
propres à garantir d'autres métaux contre cette
influence, il convient de citer en particulier l'antimoine. Il est très-facile de fixer un enduit épais

et bien adhérent de ce métal sur le cuivre, en dissolvant 15 grammes de chlorure d'antimoine à l'état de beurre dans 125 grammes d'alcool et ajoutant de l'acide chlorhydrique jusqu'à ce que la solution soit devenue claire. Moins il faudra employer d'acide chlorhydrique pour arriver à ce résultat, mieux on sera certain de réussir. L'objet en cuivre étant écuré et décapé avec soin est plongé pendant 30 à 45 minutes dans cette dissolution; au bout de ce temps, il est recouvert d'un enduit très-adhérent et brillant d'antimoine. Il ne faut pas prolonger cette action, parce que autrement l'antimoine se déposerait en couche trop épaisse et que l'enduit serait moins beau.

La fonte elle-même peut recevoir cet enduit d'antimoine, mais on n'y parvient qu'en opérant de la même manière que pour cuivrer la fonte au moyen du chlorure de cuivre.

L'antimoine est un métal cassant et fragile, qui se comporte néanmoins fort bien dans les applications; du fil de cuivre enduit d'une couche d'antimoine qui ne soit pas trop épaisse, conserve cet enduit et peut être plié dans tous les sens, sans que l'antimoine s'en détache. Ce mode d'enduit des métaux mérite donc qu'on en fasse l'application dans beaucoup de circonstances où il pourrait rendre de véritables services.

8° *Moyen pour obtenir une belle patine sur les bronzes.*

Dans presque toutes les grandes villes, et surtout dans celles où l'on emploie la houille comme

combustible, l'expérience a appris que les bronzes
exposés sur les places publiques, au lieu de se
recouvrir d'une patine, affectaient un aspect sale,
noir, qui les faisait ressembler à la fonte de fer.
La Société d'encouragement de Berlin ayant dé-
siré faire cesser cet état de choses, a fait entreprendre des expériences comparatives pour voir
s'il n'y aurait pas moyen d'y remédier.

D'abord on a cherché à résoudre la question
de savoir si une certaine composition déterminée
du bronze favorisait la formation d'une belle
patine. A cet effet, on a levé, en diverses localités, de petits échantillons de bronzes, remar-
quables par cette belle patine, et on les a ana-
lysés. Chacun de ces échantillons a été partagé
en deux, et on a chargé des chimistes expérimentés d'en faire l'analyse. Le résultat de ces
analyses a démontré que ces bronzes avaient des
compositions fort différentes. La proportion du
cuivre y a varié entre 94 et 77 pour 100; celle
de l'étain s'y est élevée jusqu'à 9 pour 100, dans
d'autres elle n'a été que de 4 pour 100 et quelques-uns ne renfermaient pas plus de 0,8 pour
100, tandis qu'ils contenaient jusqu'à 19 pour
100 de zinc. Les autres métaux mélangés acciden-
tellement, tels que plomb, fer, nickel, ne variaient
pas moins.

Avec des compositions si diverses, ces bronzes
n'en possèdent pas moins une très-belle patine
verte, mais il était possible que la composition
exerçât une influence sur la durée du temps que
les bronzes, toutes circonstances égales, mettent à

Bronzage.   7

se revêtir de la patine ; or, les expériences ne peuvent laisser aucun doute que la patine se forme sur les combinaisons les plus variées.

Pour chercher quelles sont les autres influences qui peuvent déterminer la formation de la patine, on a placé un certain nombre de bustes en bronze dans un quartier de Berlin où se développent tout particulièrement des exhalaisons nuisibles et où diverses statues en bronze qui se trouvaient dans le voisinage ne portant aucune trace de patine avaient pris cet aspect noirâtre et désagréable dont il a été question.

En observant que sur plusieurs monuments, dans des points accessibles au public et qui sont fréquemment exposés à être touchés par les mains, il s'était formé, non pas une patine verte, mais une patine en possédant les plus précieuses qualités, tandis que les autres parties étaient restées noires et sans agrément, la commission chargée de ces recherches a conjecturé qu'il était présumable que la matière grasse joue un rôle particulier dans la formation de la patine. En conséquence, l'un des bustes exposés a, chaque jour, à l'exception de ceux où il a plu, été aspergé avec de l'eau pour le maintenir dans un état parfait de propreté, et, en outre, une fois par mois, traité avec l'huile d'os, qu'on appliquait avec un pinceau et qu'on frottait aussitôt et enlevait avec un chiffon de laine. Un second buste a été également nettoyé chaque jour, mais sans recevoir d'huile. Un troisième a été lavé de même, mais traité par l'huile seulement deux fois par an. Le

quatrième, comme objet de comparaison, n'a pas
été nettoyé et n'a subi aucun traitement.

Le premier et le second de ces bustes ont été
mis en expérience en 1864 et traités comme il a
été dit, les troisième et quatrième depuis le commencement de 1866. La conjecture de l'action de
la matière grasse a été confirmée de la manière
la moins équivoque.

Le buste traité tous les mois avec l'huile a pris
une patine vert foncé qui a été déclarée fort belle
par tous les connaisseurs. Celui qui n'a été frotté
avec l'huile que deux fois par an, avait un aspect
moins avantageux, et celui simplement nettoyé à
l'eau ne présentait nullement le bel aspect que
les bronzes acquièrent par la formation de la
patine. Enfin, celui non nettoyé a un aspect peu
flatteur, terne et noir.

On peut donc considérer comme certain qu'un
bronze qui est exposé à l'air et qu'on frotte tous
les mois, après l'avoir nettoyé avec de l'huile, se
couvrira d'une belle patine.

Jusqu'à quel point ce frottage, qu'il serait surtout difficile de répéter sur les grands monuments,
devra-t-il être exécuté? C'est ce que décideront
les expériences qui se poursuivent sur les bustes
qui n'ont été traités par l'huile que deux fois par
an. En outre, la commission a mis en expérience
deux nouveaux bronzes qui ont reçu la patine par
un moyen chimique, afin de s'assurer comment
ceux-ci se comporteront par un traitement analogue.

De quelle manière l'huile agit-elle dans la formation de la patine, c'est ce qu'il est difficile d'indiquer. Seulement, les expériences ont démontré qu'il faut éviter tout excès d'huile et que celle qu'on applique doit, autant qu'il est possible, être enlevée aussitôt. S'il reste de l'huile en excès, il se dépose de la poussière, et le bronze prend un mauvais aspect. Il n'est pas possible de supposer que la faible quantité d'huile qui reste contracte une combinaison chimique avec la couche d'oxyde du bronze, puisque l'huile d'os s'est montrée dans ces expériences aussi avantageuse que celle d'olive. Il est probable que la couche mince d'huile n'a d'autre effet que de s'opposer au dépôt et à l'adhérence de l'humidité qui fixe si facilement la poussière, absorbe les gaz et les vapeurs et dans laquelle se développent si fréquemment des végétations. Mais dans tous les cas, quel que soit le mode d'action, les expériences indiquées semblent avoir démontré que la matière grasse contribue à la formation de la patine.

On suppose que cette formation artificielle de la patine sera utile sous quelques autres rapports. Ainsi, on a observé que chez les bronzes recouverts déjà d'une belle patine, les points où il se forme des écoulements d'eau affectent une couleur blanche, crayeuse, mate, qui, avec le temps, augmente de plus en plus d'épaisseur. Un traitement convenable par l'huile préviendra peut-être le développement de cette couche crayeuse, mais il n'y a que des expériences prolongées qui puissent décider cette question.

Dans tous les cas, l'emploi de l'huile permet

d'espérer qu'on parviendra en peu de temps, même dans les grandes villes, à obtenir des monuments publics revêtus d'une brillante patine. Cette patine, dans les localités où l'on se sert exclusivement de houille comme combustible, ne sera pas vert clair, mais paraîtra foncée, peut-être même noirâtre, mais elle possédera toutes les autres propriétés recherchées dans la patine et en particulier la propriété brillante et réfléchissante de la surface.

Section II. — BRONZAGE, VERNISSAGE ET PEINTURE MÉTALLIQUES, ET ENDUITS SUR FER ET ACIER.

1° *Bronzage des canons de fusil et des objets en fer et en acier.*

Tout le monde sait que pour bronzer les canons de fusil et autres objets en fer, on se sert du chlorure d'antimoine fondu dont on frotte vivement le fer. Une seule opération ne suffit pas et il faut, pour bien réussir, la répéter en chauffant doucement la pièce.

2° *Vernissage des armes et des objets en fer et en acier.*

1° On fait dissoudre :

Mastic en larmes.	10	parties.
Camphre.	3	
Sandaraque.	15	
Résine élémi..	5	

dans une quantité suffisante d'alcool, et l'on vernit à froid ; non-seulement les objets sont préservés de la rouille, mais le vernis reste transparent et laisse voir l'éclat métallique de l'objet.

2° Pour donner à l'arme une couleur bleue, on prépare un bain de sable de grandeur suffisante, on nettoie bien l'objet, en enlevant toutes les matières grasses, et on l'enduit de vinaigre.

La surface étant bien essuyée et sèche, on y passe un linge humecté avec un peu d'acide hydrochlorique. On fait de nouveau sécher à l'air pendant un quart-d'heure et on plonge ensuite l'objet dans un bain de sable dont on élève ensuite graduellement la température ; de temps en temps on découvre une petite place pour voir si la couleur bleue est assez intense ; à cet instant on retire l'objet et on l'essuie avec un linge sec.

3° Pour obtenir une couleur brune, on procède de la même manière, puis on passe sur l'enduit bleu un linge imprégné légèrement d'huile d'olive qui fait virer le bleu au brun.

4° Pour obtenir une marbrure, on ne nettoie point complètement l'objet et même on y produit artificiellement de petites taches graisseuses. On opère comme précédemment, en ayant soin de ne point enlever ou étendre les taches, en essuyant l'objet avant de le soumettre à la chaleur.

On le nettoie bien, immédiatement après sa sortie du bain de sable.

3° *Apprêt, dit gris Anglais, pour les objets en fer ou en acier.*

On fait brûler des morceaux de cuir qui ont été longtemps exposés à l'air et à la pluie, tels que

rebuts et découpures des fabriques et des cor-
royeurs, et on les réduit en poudre : ensuite on
place les objets en acier ou en fer auxquels on
veut donner cet apprêt, dans un creuset avec
cette poudre de cuir brûlé, on soumet le creuset
au feu d'une forge pendant une demi-heure, et
lorsqu'il est rouge, on le retire et on le jette très-
promptement dans un baquet d'eau froide.

Il est bon d'observer que la parfaite réussite de
cette opération dépend surtout de ce que le creuset et les objets qu'il contient, n'éprouvent aucun
contact immédiat avec l'air, avant leur entier refroidissement.

4° *Peinture métallique* de M. WEBSTER.

Les peintures au zinc employées jusqu'à ce
jour sont des oxydes de zinc, et, par conséquent,
inférieures à la base métallique elle-même. Cette
base n'a guère été appliquée que par voie galvanique sur du fer décapé avec soin et qu'on plonge
dans un bain de zinc fondu. Broyer du zinc à sec
ou le mettre en suspension dans de l'huile serait
une opération des plus fastidieuses, mais, sous
cet état, il pourrait être appliqué comme couleur
non oxydée, et toutes les galvanisations pourraient
se faire à la brosse.

La structure du zinc permet néanmoins de le
broyer lorsqu'on le combine à un autre métal, et
sans la difficulté qu'on éprouve à l'allier avec le
fer, certainement ce métal devrait être préféré à
tous les autres. Mais, jusqu'à présent, excepté
dans les carneaux et les cheminées des fours à

zinc, ou dans des conditions particulières de fusion, on a observé qu'il était impossible de fixer
au-delà d'une très-minime quantité le fer en
combinaison avec le zinc.

Le docteur Percy a donné, dans son ouvrage
sur la métallurgie du fer et de l'acier des rensei-
gnements fort intéressants sur ce sujet, mais dans
ces deux ou trois dernières années, on a trouvé
qu'avec un certain flux, on peut s'opposer à la
volatilisation du zinc à la haute température où
le fer entre en fusion, et on a pu combiner d'une
manière permanente avec le zinc 10 et même 15
pour 100 de fer. Cet alliage, surtout celui avec
la plus forte proportion de fer, est très-friable, à
tel point qu'en le pressant entre le pouce et l'index on peut facilement l'émietter en une poudre
grossière. On pense même qu'avec une plus forte
proportion de fer, on obtientrait un alliage qui
s'émietterait de lui-même par une sorte d'explo-
sion.

Une fois rendu friable, le zinc est facile à ré-
duire en poudre fine, mais chaque grain conserve
néanmoins une forme cristalline. Dans cet état, il
suffit de le mélanger à l'huile, mélange qui,
comme toute autre peinture métallique, peut
être appliqué aisément à la brosse. La surface,
ainsi protégée, est, en réalité, galvanisée, à peu
près comme les tôles de fer qu'on traite dans un
bain de zinc. Le coque d'un navire en fer peut
ainsi être garantie à peu de frais contre la corro-
sion, car, d'après les diverses expériences qui ont
été faites dans cette direction, l'enduit de zinc

paraît adhérer d'une manière permanente au fer,
même pendant une exposition prolongée dans
l'eau de mer, aux fumées des fabriques de produits chimiques et dans d'autres épreuves non
moins rigoureuses.

En enlevant une portion du zinc, on a trouvé
que le fer avait été parfaitement protégé, tandis
que l'autre côté de la tôle, chargé à l'origine de
deux couches à la céruse et au minium était assez profondément corrodé.

D'après le dire de l'inventeur, cette peinture
est fabriquée avec du métal pur et non avec un
oxyde ou un carbonate. Elle conserve donc sa
tension électrique tant qu'elle est mise en contact
avec les autres métaux, et est positive relativement au fer. La peinture métallique est supérieure à la galvanisation, parce qu'elle s'applique
sans le secours de la chaleur ou des acides et
qu'elle est facile à réparer. Sous cette forme, le
zinc peut être appliqué à tous les grands objets,
aux travaux en fer auxquels la galvanisation n'est
pas applicable. Le bois, la pierre, le papier, les
tissus les plus fins peuvent être recouverts de
peinture sans la moindre difficulté. Elle ne donne
lieu à aucun dégagement de vapeurs nuisibles à
la santé; enfin, mélangée à un peu d'antimoine
et de vermillon, c'est la meilleure peinture pré-
servatrice pour la coque et le fond des navires.

L'inventeur fait remarquer qu'une fois le fond
d'un navire ainsi galvanisé au zinc, il faut encore le préserver contre l'adhérence des matières
qui peuvent le salir. A cet effet, il prépare un

alliage de 60 cuivre et 40 zinc, ou métal de
Muntz qu'il applique aussi à l'huile comme peinture sur celle au zinc déjà étendue. On s'occupe
actuellement avec ces compositions d'expériences
qui paraissent avoir donné jusqu'à ce jour de bons
résultats.

5° *Peinture au cuivre de* M. C.-F.-L. OUDRY.

L'invention est relative à de certaines peintures
propres à recouvrir des surfaces de toute espèce
et consiste : 1° dans l'application et l'emploi,
comme base métallique, d'un cuivre galvanique
réduit en poudre fine ou d'un cuivre qui a été
mis en état de fusion, pour remplacer les oxydes
ou les carbonates métalliques dont on a fait usage
jusqu'à présent comme base de la peinture ;
2° dans l'emploi comme base pour la peinture du
benzole mélangé à des matières résineuses, gommeuses ou bitumineuses, avant l'incorporation avec
les huiles siccatives et avec les oxydes, les carbonates ou les sulfures métalliques, cette peinture
possédant toutes les variétés de nuance et de couleur avant son mélange avec ces dernières substances.

Pour obtenir une peinture à base de cuivre galvanique en poudre ou de cuivre qui a été mis en
état de fusion, on a recours aux ingrédients suivants employés dans les proportions indiquées :

Huile essentielle. . . . . . 25 parties en poids.
Matière résineuse. 25
Matière gommeuse. 10
Huile grasse et siccative.. 40

Les matières résineuses et gommeuses sont d'abord mises en digestion ou dissoutes dans l'huile essentielle, après quoi on y ajoute l'huile grasse et siccative. Le tout étant bien agité et battu, se maintient pendant bien longtemps à l'état liquide dans des vases fermés, prêt à en faire usage au besoin.

On prépare alors du cuivre galvanique en poudre impalpable ou de cuivre qui a été fondu soit par voie chimique, ou dans un mortier, un moulin ou de toute autre manière. Cette poudre est passée à travers un tamis très-fin, lavée à plusieurs reprises, séchée et placée dans un vase hermétiquement clos, et on l'ajoute en proportion convenable au mélange ci-dessus indiqué au moment où l'on veut faire usage de la peinture métallique.

On verse une certaine quantité du mélange dans une sébille, et on y ajoute la poudre métallique, en ayant soin de maintenir la peinture à l'état liquide et bien fluide.

Afin de prévenir toute action galvanique et rendre cette peinture métallique moins dispendieuse, on peut, au lieu d'employer le cuivre en poudre dans les deux premières couches, se servir d'un autre oxyde métallique, tel que du minium, de la litharge, du blanc de zinc ou un carbonate comme la céruse et en n'employant la peinture à base de cuivre que pour les deux dernières couches.

La peinture, aussi bien que l'enduit d'oxyde métallique, peuvent être appliqués à chaud ou à froid, dans une étuve ou en plein air. Si on l'ap-

plique à chaud on peut en donner quatre couches en quelques heures ; si c'est à froid, l'intervalle de temps entre les couches dépend de l'état
de l'atmosphère. Dans les jours chauds d'été, les
quatre couches peuvent être posées en 10 à 12
heures.

Si on désire bronzer après la peinture, le bronze
chimique s'applique à froid et à l'état liquide, à
la brosse. Quand il est sec, on le frotte avec une
brosse rude légèrement cirée, et on obtient un ton
bronze vert antique ou florentin qui est très-doux
à l'œil et résiste très-bien aux influences atmosphériques.

Quoique cette nouvelle peinture à base de cuivre ne soit peut-être pas aussi durable et n'ait pas
le bel aspect des dépôts de cuivre galvanique
qu'on obtient à l'aide des batteries électriques sur
la fonte, le fer, le zinc ou autres substances, elle
est beaucoup moins chère et très-supérieure comme
moyen préservatif à toutes les autres peintures et
aux différents vernis couverts de bronze en poudre qui ont si peu de durée.

Dans la préparation de la peinture qui a le benzole pour base, on mélange les ingrédients suivants dans les proportions indiquées.

Essence.	28 parties en poids.
Matière résineuse.	22
Matière gommeuse.	4
Cuivre en paillons.	2
Huile grasse siccative. . .	40
Matière asphaltique ou bi-tumineuse..	4

Les substances résineuse, gommeuse et bitumineuse sont d'abord dissoutes dans le benzole ou autre essence (l'essence de térébenthine exceptée), après quoi on ajoute l'huile grasse siccative en ayant soin de bien agiter en même temps le mélange. Lorsque ces divers ingrédients ont été parfaitement mélangés, on introduit la matière colorante qu'on désire, après quoi le tout est agité et battu de nouveau, puis conservé en vase clos.

Pour faire usage de cette peinture, on en verse une certaine quantité dans un pot et on y ajoute la quantité requise de céruse, litharge, minium, cinabre, blanc de zinc ou autre oxyde, carbonate ou sulfure métallique, broyés à l'huile ou pulvérisés; on mélange le tout avec soin et la peinture est prête à être appliquée de la même manière que celle ordinaire, sans qu'il soit nécessaire d'y ajouter de l'huile ou de l'essence de térébenthine. En été, chaque couche sèche en 2 ou 3 heures, de manière qu'on peut en appliquer trois dans une journée; mais en hiver il vaut mieux ne donner qu'une seule couche par jour.

6° *Enduit noir brillant et solide sur fer.*

Dans une quantité suffisante d'essence de térébenthine, on verse goutte à goutte et toujours en agitant avec soin de l'acide sulfurique concentré jusqu'à ce qu'il se forme un précipité sirupeux dont le volume cesse d'augmenter. On jette le tout dans l'eau, on agite soigneusement, on décante l'eau de lavage et on renouvelle le lavage du précipité jusqu'à ce que du papier bleu de tournesol, plongé dans l'eau, ne rougisse plus. Alors ce précipité est complétement débarrassé d'acide sulfurique, et après l'avoir laissé égoutter sur une toile, il est propre à servir.

Pour cela, on en enduit le fer qu'on veut noircir et on brûle. Dans le cas où le précipité, par suite de son épaisseur, ne s'étendrait pas facilement, on pourrait l'étendre avant de s'en servir avec un peu d'essence de térébenthine, seulement il faut avoir soin que toutes les parties du fer en soient recouvertes bien également.

Après avoir été brûlé, ce précipité appliqué est frotté à plusieurs reprises avec un chiffon de laine qu'on a plongé dans l'huile de lin, jusqu'à ce que la surface paraisse d'un noir brillant qui adhère avec d'autant plus de force sur le fer que ce n'est pas, dit-on, une application purement mécanique. Cet enduit ne se détache donc pas du fer, défaut que présentent tous les autres enduits sur ce métal.

7° Bronzage du fer.

Dans une note présentée à l'Académie des Sciences, M. Zalinsky a indiqué un procédé de bronzage applicable au fer ou à la fonte. Ce procédé fort simple consiste à plonger la pièce dans du soufre fondu, mêlé à du noir de fumée. La surface étant égouttée et sèche résiste aux acides étendus d'eau ; elle peut prendre un beau poli et présente l'apparence du bronze oxydé.

Il est très-possible que dans ce cas, il se forme à la surface un sulfure de fer ou une sorte de py-

rite martiale, et on connaît les reflets agréables
que présente parfois cette matière ainsi que sa
résistance à l'action de l'air.

8° *Procédé pour recouvrir les métaux de belles*
   couleurs éclatantes sans emploi des couleurs, de
   M. C. Puscher, *de Nuremberg.*

On a proposé bien des moyens pour mettre les
métaux en couleur, et récemment M. O. Reinsch
a cherché à produire des couleurs irisées au
moyen du sulfure d'ammonium et à colorer les
métaux à l'aide de laques des couleurs d'aniline.
Mais la couche légère de sulfure métallique produite par le sulfure d'ammonium éprouve des
changements au contact de l'air et d'ailleurs n'est
pas facile à appliquer uniformément. Les enduits
en laques des couleurs d'aniline présentent les
mêmes inconvénients.

M. Puscher, par son procédé, produit sur les
objets un enduit de sulfure métallique dense analogue à celui qu'on rencontre dans la nature, par
exemple sur la galène. Ces composés de soufre
très-solides ne sont, comme on sait, attaqués que
par les acides ou les alcalis concentrés, tandis que
les réactifs modérément étendus sont sans action
sur eux.

La nouvelle méthode est d'une exécution facile, praticable à peu de frais et en peu de temps.
En 5 minutes, on peut très-bien, suivant qu'on
laisse plus ou moins de temps dans les solutions
salines bouillantes dont il va être question, colorer des milliers d'objets en laiton, depuis le beau

jaune d'or jusqu'au rouge de cuivre, puis en rouge cramoisi, ensuite en bleu d'aniline foncé puis clair, jusqu'au blanc bleuâtre, comme la galène, et enfin en blanc rosé. Ces couleurs possèdent le plus bel éclat, et si les objets qu'on colore ont été préalablement bien décapés au moyen des acides ou des alcalis, elles adhèrent avec une telle force qu'on peut les travailler au polissoir d'acier.

Pour préparer les bains qui servent à ces colorations, on dissout 45 grammes d'hyposulfite de soude dans un demi-litre d'eau et on y verse une solution de 15 grammes d'acétate neutre de plomb (sucre de Saturne) dans un demi-litre d'eau. Le mélange clair qui se compose d'un sel double d'hyposulfite de plomb et de soude dissous dans un excès d'acide hyposulfureux, possède, quand on le chauffe de 90 à 100° C., la propriété de se décomposer lentement et de laisser déposer des flocons bruns de sulfure de plomb. Si pendant ce dépôt, il y a présence d'or, d'argent, de cuivre, d'argentan, de laiton, de tomback, de fer ou de zinc, il se précipite sur ces métaux du sulfure de plomb à la densité de la galène, et suivant l'épaisseur du sulfure déposé on voit apparaître de belles couleurs éclatantes.

Afin de produire une coloration bien uniforme, il faut que les pièces soient chauffées le plus également qu'il est possible et c'est à quoi on parvient en introduisant la pièce avec la solution saline bouillante dans un sac ou un matelas de crins absolument semblable à la marmite norwégienne.

Ainsi traité, le fer ne prend avec la solution indiquée que le bleu d'acier et le zinc une couleur bronze. Sur les objets en cuivre, la première couleur d'or qui apparaît est défectueuse, le plomb et l'étain se montrent tout à fait indifférents.

Si on remplace poids pour poids l'acétate neutre de plomb par du sulfate de cuivre qu'on ajoute à la solution d'hyposulfite de soude et qu'on procède comme ci-dessus, le laiton et le clinquant d'or se recouvrent d'un rouge d'une beauté toute particulière auquel succède dans l'échelle chromométrique un vert encore défectueux et enfin un brun magnifique avec points chatoyants et irisés verts et rouges. Ce dernier enduit très-solide mérite toute l'attention de l'industrie.

Le zinc précipite de cette solution, sans s'y être coloré, une grande quantité de sulfure de cuivre en flocons bruns noirâtres, mais si à la solution, on ajoute environ 1/3 de la solution ci-dessus de plomb, il se développe une couleur noire solide qui, au moyen d'une légère couche de cire, qu'on recommande du reste d'appliquer sur toutes ces couleurs, gagne encore en intensité et en solidité.

On parvient à obtenir des dessins superbes imitant les marbres sur paillon de cuivre avec une solution de plomb épaissie avec la gomme adragante qu'on chauffe jusqu'à 100° C., et traitant ensuite dans la solution plombique ordinaire.

On obtient des colorations analogues avec les composés d'antimoine, par exemple avec le tartrate d'antimoine et de potasse, seulement le développement de la couleur exige plus de temps.

Enfin, on fera remarquer que les solutions salines en question peuvent être employées plusieurs fois et que pendant leur conservation elles n'éprouvent aucune altération.

Moyen pour donner à l'acier un enduit imitant la dorure, par M. R. Böttger.

Si on cuivre sous une épaisseur modérée, par voie galvanique et au moyen d'une solution de cyanure de cuivre et de potassium, un ressort en blanc d'acier, par exemple, un ressort de pendule ou autre objet, et qu'on le recouvre ensuite, aussi avec emploi d'une pile de Volta composée d'un petit nombre d'éléments d'une couche mince de zinc (par la décomposition d'une solution modérément condensée de sulfate de zinc) qu'on sèche avec soin, puis qu'on nettoie à blanc avec un peu de craie lavée, enfin qu'on plonge dans l'huile bouillante de lin ou d'olive, la surface de la pièce apparaît au bout de quelques secondes et, d'après l'observation de M. Böttger, à une température de 160° C., comme s'il y avait eu pénétration réelle du cuivre et du zinc, c'est-à-dire de même que s'il y avait eu formation de tombak.

Section III. — COLORATION EN NOIR ET PATINAGE DU ZINC.

1° Coloration du zinc en noir, par M. Dullo.

Les belles pièces artistiques qu'on moule aujourd'hui en si grande quantité en zinc, telles que statues, statuettes, sujets divers, ornements architectoniques, etc., sont ou bronzées, ou recouvertes d'une peinture à l'huile. Ces enduits ne suffisent pas toujours, et parfois, pour les statues surtout, exigent aussi un enduit coloré en noir. On pourrait, il est vrai, sans plus de précaution, composer cet enduit avec une couleur noire à l'huile, mais on n'a recours à ce moyen que lorsqu'il n'est pas possible de faire autrement.

On obtient une couleur noire d'un bel éclat en dissolvant du chlorure d'antimoine dans l'alcool, ajoutant quelques gouttes d'acide chlorhydrique dans la proportion de 1 litre d'alcool, 100 grammes de beurre ou chlorure d'antimoine, et 60 grammes d'acide chlorhydrique, et mouillant vivement la statue avec cette solution au moyen d'un pinceau ou d'une brosse. Le zinc passe immédiatement au noir. On enlève de suite avec un chiffon la première couche appliquée, parce qu'elle n'opère pas une coloration uniforme, et on en applique une seconde. On laisse sécher celle-ci aussi rapidement qu'il est possible dans une étuve, et quand la statue est sèche, l'antimoine ne s'en détache plus. On frotte alors la pièce avec de l'huile, en faisant choix surtout d'une huile siccative. On répète cette application de l'huile jusqu'à deux et trois fois, mais avec la précaution qu'il n'y ait pas la moindre goutte d'huile qui se sèche. Tel est le procédé pour donner à la statue une couleur noire très-intense et d'un bel éclat.

Il est nécessaire de hâter la dessiccation de l'antimoine métallique, parce qu'autrement il ne tarderait pas à se former de l'oxyde blanc d'antimoine, formation rendue impossible par la couche mince d'huile qu'on applique.

Pour étendre le chlorure d'antimoine, on fait, comme il a été dit, usage de l'alcool, parce que la dessiccation est plus prompte et qu'il ne faut ajouter qu'une très-petite quantité d'acide chlorhydrique pour empêcher la formation d'un chlorure basique d'antimoine (poudre d'Algaroth). Si, au lieu d'alcool, on prend de l'eau, on est obligé d'employer beaucoup d'acide chlorhydrique, et lorsqu'on enduit la statue en zinc avec cette solution, il se forme naturellement beaucoup de chlorure de zinc qui ne sèche pas.

Dans tous les cas, la couche d'antimoine doit être très-mince, parce que ce n'est que dans ce cas qu'elle adhère fortement sur le zinc, et acquiert de l'éclat et de la beauté.

2° *Coloration en noir du zinc et du laiton*, par M. L. KNAFFL.

Pour donner aux feuilles ou autres objets en zinc un enduit noir bien adhérent, on commence par écurer la pièce, et à cet effet on se sert d'une pâte composée avec du quarz réduit en poudre fine, mouillé avec l'acide sulfurique étendu. Cette pièce bien blanche est alors plongée un instant dans une solution composée avec 4 parties de sulfate de nickel ammoniacal, et 40 parties d'eau qu'on a aiguisée avec 1 partie d'acide sulfurique, puis lavée soigneusement à l'eau pure et séchée.

Cet enduit noir adhère parfaitement au zinc. Les précipités produits au moyen de l'azotate de cuivre ou du chloride de ce métal, n'ont aucune solidité.

Si on attaque les objets colorés en noir de la manière indiquée, avec le gratte-boësse, ils prennent une couleur bronze qui donne, à beaucoup d'entre eux, un aspect fort agréable.

3º *Coloration en noir des feuilles de zinc pour toitures*, par M. R. Böttger.

Pour donner aux feuilles de zinc pour toitures une couleur d'ardoise persistante et en même temps pour garantir le zinc contre l'oxydation, on procède ainsi qu'il suit :

On verse dans une capsule de porcelaine, sur une partie en poids de cendres vertes, de l'eau régale préparée avec 3 parties d'acide chlorhydrique ordinaire, et une partie d'acide azotique, et on chauffe jusqu'à ce que la dissolution des cendres se soit opérée avec effervescence et production de vapeurs rutilantes. On ajoute alors à cette solution de chlorure de cuivre 64 parties d'eau en poids, et on filtre. On plonge pendant quelques instants dans cette liqueur, la feuille de zinc soigneusement décapée. On la rince ensuite avec l'eau, on la laisse sécher à l'air libre, et on la plonge de nouveau dans une liqueur qu'on compose en dissolvant 1 partie de poix noire et 2 parties d'asphalte naturel dans 12 parties de benzine ou d'huile de goudron de houille. Après le séchage, on frotte la feuille avec du coton ou un tissu de coton, pour produire un certain lustre toutefois peu brillant.

4° Procédé pour recouvrir le zinc d'une patine noire solide, par M. Th. NEUMANN, de Munich.

Le zinc, malgré d'assez nombreuses difficultés qui lui sont propres, a conquis promptement une place importante dans les arts, et l'industrie toute spéciale du zinc s'est élevée depuis un certain temps au rang d'une branche indépendante des arts industriels faisant une heureuse concurrence à d'autres industries rivales.

Les propriétés intrinsèques du zinc comparées à celles des alliages auxquels il fait concurrence ne sont pas inférieures au même degré que l'est son aspect extérieur, et par conséquent dès le premier moment où l'on a appris à travailler ce métal, on a dû songer à corriger le défaut dans cet aspect. On est promptement arrivé à surmonter les difficultés que présente le métal dans le travail du laminage, du marteau, de la fonte, etc., et même on est, par suite d'efforts soutenus, parvenu à faire disparaître cet aspect extérieur peu flatteur, qui, malgré qu'il en soit profondément empreint par la nature, n'empêche pas de le préférer à raison de son bas prix. Pour cela, on a fait usage des enduits galvaniques, soit des bronzages, etc., et en même temps on a rendu ce métal plus susceptible de résister à l'action des agents atmosphériques qu'on n'aurait pu l'obtenir pour sa conservation par la couche naturelle d'oxyde et peu agréable qui se forme à sa surface.

Quelque heureuses qu'aient été les tentatives qui ont eu lieu dans cette direction, tentatives qui ont permis d'employer largement le zinc dans les beaux-arts, la fonderie, les ornements architectoniques, etc., il y a toujours un problème, dans tous les cas, d'une portée, il est vrai, moins considérable, mais qui jusqu'à présent a déjoué tous les efforts, à savoir de remplacer par ce métal les objets en laiton noircis au feu. On remarque, en effet, que beaucoup d'instruments d'optique ou de physique présentent non-seulement un aspect extérieur fort agréable, mais de plus ont reçu sur certaines parties un enduit noir mat, parfaitement approprié au but. Dans beaucoup de cas, on produit cette patine noire par un moyen d'une facile application, à l'aide d'un procédé analogue à celui pour les nielles (appelé à tort argent oxydé) qu'on combine avec un polissage parfait de la pièce. Dans d'autres cas, on a recours directement à la propriété d'absorber la lumière, comme on le voit sur les instruments d'optique.

Je connais bon nombre d'établissements importants qui se sont occupés des applications du zinc, par exemple, comme matière pour les montures de microscopes et autres analogues, mais tous les essais ont été abandonnés, parce qu'on n'a pas trouvé pour le zinc un enduit propre à remplir les conditions exigées. C'est cette circonstance qui m'a déterminé à m'occuper de la solution de ce problème, d'après l'assurance qui m'en a été donnée par ces établissements, que c'était une chose très-désirable.

Les personnes qui connaissent cette question comprennent aisément qu'un vernis ne remplirait nullement le but. Il s'agit bien plus en effet de produire un enduit bien adhérent, parfaitement distribué sur la surface, analogue à une patine, tel qu'on le produit sur le laiton en le plongeant dans une solution d'azotate de cuivre, passant ensuite au feu et chauffant jusqu'à ce qu'il y ait décomposition du sel de cuivre. Cet enduit ne forme toutefois qu'une couche mince, tout en possédant la propriété de couvrir parfaitement, assez solide et assez bien liée avec sa surface pour qu'il ne soit pas possible de l'enlever par voie mécanique sans attaquer la surface elle-même du métal.

Il n'y a pas de praticien qui ne sache que c'est une chose qui n'est pas facile pour un œil exercé de rencontrer un enduit irréprochable sur laiton, et qu'il faut, pour atteindre ce but, apporter dans ce travail une adresse toute particulière et se servir d'une solution cuivreuse préparée dans des proportions correctes. Les ouvriers même les plus habiles perdent souvent beaucoup de temps et sont longtemps avant de produire une patine parfaite, si le bain dont ils font usage a été par hasard modifié ou a éprouvé quelque changement dans le degré de sa dilution, dans la quantité de l'acide, ou dans sa pureté, ou bien lorsqu'on leur met en main un laiton d'une composition différente. C'est ce qui explique le nombre infini de recettes qui ont cours dans les divers ateliers pour la préparation d'une liqueur qualifiée pour le noir. La plupart du temps, on ajoute encore à ce bain de cuivre une certaine quantité d'azotate d'argent qui donne à la patine une couleur noire plus intense, et dans plusieurs recettes, on ne craint même pas d'ajouter de l'or uniquement afin d'atteindre ce but aussi complétement qu'il est possible.

On opère de la même manière que pour bronzer quand il s'agit de patines colorées sur laiton, etc., dont la production, dès qu'on veut obtenir quelque succès, est dans les ateliers un des problèmes les plus difficiles à résoudre.

Il est donc bien évident que la production sur métal d'un enduit analogue à une patine exige bien plus de connaissances et d'habileté, quand on compare à un simple vernissage, que ces enduits par leur nature ne diffèrent en qualité et en mérite.

Il y a encore d'autres difficultés à surmonter lorsqu'on veut recouvrir le zinc d'une patine. L'action réductrice considérable de ce métal exclut le moyen dont on fait usage sur laiton. Le passage au feu du zinc avec une solution d'azotate de cuivre est impraticable, ce cuivre se sépare immédiatement à l'état métallique et lorsqu'on chauffe on n'obtient qu'un enduit sans mérite, sans adhérence et rien qui ressemble à une patine.

M. Böttger a fait connaître pour écrire en noir sur le zinc un excellent procédé où les traits résistent énergiquement aux influences atmosphériques et qui se recommande tout particulièrement pour étiqueter les plantes, etc. Son encre se com-

pose d'une solution d'azoïate de cuivre et de chloride de cuivre aiguisée par l'acide chlorhydrique,
liqueur que M. Böttger a remplacée plus tard par
une solution de chloride de platine. Le premier de
ces liquides se rapproche donc en quelque sorte
de celui employé pour noircir le laiton au feu,
mais son action, quand on écrit sur le zinc, est
entièrement différente. Tandis que dans ce premier cas la patine qui se forme au feu se compose
d'oxyde de cuivre, il se forme sur zinc une sorte
d'alliage pulvérulent de cuivre et de zinc (1) qui
d'abord n'offre aucune adhérence, mais qui en séchant et en lignes fines comme l'est l'écriture,
adhère sur le métal ; mais quand on veut appliquer une patine noire de ce genre sur de grandes
surfaces, ce liquide ne réussit pas.

Braconnot avait bien auparavant recommandé
une encre analogue pour écrire sur zinc qu'il com-
posait avec du vert-de-gris, du sel ammoniac et
du noir de fumée et une autre formée avec l'alun
et le noir de fumée qui était une imitation du
crayon noir de Symon pour étiqueter les plantes
sur zinc.

M. Dullo a recommandé pour produire un enduit noir durable sur les statues en zinc une solution alcoolique de chlorure d'antimoine aiguisée par l'acide chlorhydrique. Dans ce cas aussi
le métal est précipité à l'état de poudre fine et

---

(1) D'après M. Pettenkofer, la poudre noire veloutée qui se
forme sur le zinc en contact avec la solution étendue de sulfate
de cuivre, est composée de 60 pour 100 de cuivre et 40 pour 100
de zinc.

légère, ce qui donne lieu à la coloration noir
mat.

Cette circonstance me paraît être la cause de
l'impossibilité d'employer ces deux procédés à
produire une patine proprement dite sur de grandes surfaces ; une précipitation de l'enduit indiqué à l'état métallique pur ne peut pas remplir
notre but, puisqu'un enduit de cette nature avec
l'épaisseur suffisante et l'union intime avec le zinc
sous-jacent doit nécessairement apparaître avec
un éclat métallique (comme le zinc bronzé par
voie galvanique), et réciproquement un dépôt
mat et pulvérulent de l'enduit métallique ne peut
pas présenter l'adhérence suffisante.

On ne peut donc appliquer pour former une
patine sur zinc que des substances qui résistent
mieux ou complétement à l'action réductrice de
ce métal, et c'est principalement dans cette voie
que j'ai dirigé tous mes efforts dans la solution
du problème. Parmi les corps nombreux qui pouvaient sous ce point de vue remplir plus ou moins
bien le but et dont j'ai fait l'essai, l'azotate de
protoxyde de manganèse m'a fourni entre tous
un résultat que j'aurais à peine osé espérer.

L'azotate de manganèse peut être mis en contact et appliqué sur le zinc sans éprouver de changement, mais ce sel, lorsqu'on le chauffe, subit
une modification de telle nature qu'il en résulte
un peroxyde noir de manganèse. D'après les expériences de M. Sainte-Claire Deville (1), on sait

_____

(1) *Annales de Chimie et de Physique*, 3e série, t. 38, p. 5.

déjà que la transformation de l'azotate de protoxyde de manganèse en peroxyde s'effectue à une
température de 200 à 250° C. Quant aux indications sur le point de fusion du zinc, elles varient
très-notablement entre elles : on trouve pour ce
point 360°, 412° et 500° C., etc.; mais dans tous
les cas, on voit que ce point de fusion du zinc est
suffisamment éloigné de la température où a lieu
la décomposition de l'azotate de manganèse pour
rendre possible, pratiquement parlant, l'opération de noircir au feu ce métal, même quand il
faudrait employer dans cette opération plus de
précaution contre la fusion qu'on n'en observe
ordinairement dans le passage au feu du laiton.

Maintenant, en ce qui concerne le côté pratique
de l'application d'une patine sur zinc au moyen
de l'azotate de manganèse, l'opération est à fort
peu près la même que dans celle pour noircir le
laiton à l'aide de l'azotate de cuivre, et exige en
général la même dextérité et les mêmes soins,
mais j'ajouterai cependant que des expériences
comparatives m'ont appris qu'il est plus facile
d'obtenir sur zinc des résultats satisfaisants que
dans le cas ordinaire pour noircir au feu le laiton.

Il est clair qu'on peut charger la solution de
manganèse sur la pièce en travail tout aussi bien
par immersion qu'à la brosse, etc., seulement il
faut avoir la précaution que le liquide en cou-
verture y soit réparti aussi uniformément qu'il est
possible. On laisse ensuite sécher lentement sur
un feu de charbon, les petits articles sur la flamme
d'une lampe à esprit-de-vin ou une flamme de

gaz, et cela bien également et jusqu'à ce que la
surface enduite du sel de manganèse prenne une
couleur noire intense et pure. Ici encore, comme
dans le procédé ordinaire sur laiton, il faut répéter l'opération en débarrassant chaque fois la
pièce par voie mécanique, soit avec la brosse, soit
par des lavages, etc., de l'oxyde qui n'adhère pas
fermement. Lorsqu'après le dernier lavage de
l'objet on a obtenu cette uniformité qu'on recherche, c'est-à-dire cette couleur noire supérieure,
on fait encore une fois sécher sur le feu, on frotte
avec la plus petite quantité possible de vernis à
l'huile de lin, ainsi qu'on le pratique pour noircir au feu le laiton, opération qui a une certaine
importance pour le coup-d'œil.

On prépare aisément l'azotate de protoxyde de
manganèse en dissolvant du carbonate de ce protoxyde dans l'acide azotique étendu jusqu'à neu-
tralisation. Si alors on évapore avec quelque précaution la solution obtenue, il reste une liqueur
sirupeuse qui, après le refroidissement, se compose d'une masse compacte de cristaux qui s'effleurissent à l'air. En faisant évaporer dans le vide
à la température ordinaire sur l'acide sulfurique,
on réussit à obtenir des cristaux mieux conformés
de ce sel qui, d'après le degré d'hydratation indiqué déjà depuis longtemps, doit contenir :

		Théorie.	Trouvé.
Mn N.	33.5	24.74	24.52
N O^5	54.0	37.63	»
6 H O	54.0	37.63	»
	143.5	100.00	

Si on laisse plus longtemps dans le vide ou si on élève la température, les cristaux s'effleurissent et abandonnent encore de l'eau.

Maintenant pour m'assurer du degré de dilution de la solution de ce sel qui réussit le mieux pour produire la patine noire sur zinc, j'ai préparé d'abord une liqueur très-concentrée, j'en ai enduit quelques objets qui ont été passés au feu et numérotés, et j'ai procédé successivement et de la même manière avec une liqueur de plus en plus étendue par l'eau, en notant exactement le degré de dilution relativement à la liqueur normale. Dès que les derniers échantillons ont montré évidemment que j'avais déjà notablement dépassé le degré de concentration de la liqueur qui était la plus avantageuse, j'ai engagé quelques amis à décider quelle était la patine qui leur semblait la mieux réussie. J'ai évaporé avec précaution dans un creuset de patine 10 centimètres cubes de la liqueur qui avait fourni cette patine et décomposé l'azotate de protoxyde de manganèse qui est resté par une calcination d'abord modérée que j'ai enfin portée au plus haut degré. Il est resté ainsi, comme on sait, du protoxyde de manganèse dont la quantité s'est élevée à $0^{gr}.2147$. Par conséquent, la solution la plus propre à patiner est composée par litre avec environ 54 grammes du sel indiqué ci-dessus à 6 équivalents d'eau de cristallisation.

Toutefois, dans la préparation de la liqueur pour les applications industrielles, il faudra, en raison de la propriété de s'effleurir de l'azotate de manganèse, se laisser guider plutôt par le poids spécifique, et j'ai trouvé sous ce rapport que le degré de concentration le plus avantageux pour l'objet en question était de 1,125 à 14° Réaumur (17°5 C.).

Quant à la question de savoir combien de fois il convient d'appliquer la liqueur et de répéter le passage au feu, je ferai remarquer qu'avec le degré de dilution qui a été indiqué j'ai obtenu par sept à huit répétitions une patine qui a paru satisfaire complétement à toutes les conditions et qui a réuni les suffrages de praticiens expérimentés.

L'enduit est d'un noir profond et intense qui peut dans tous les cas soutenir la concurrence avec celui employé sur laiton, si même il ne lui est pas supérieur. Il adhère avec une force extrême sur le métal, résiste au pliage et même au marteau sans s'écailler, et paraît par conséquent satisfaire aussi sous ce point de vue mécanique. Sa nature chimique lui permet également de mieux résister à l'action des agents atmosphériques que la patine à l'oxyde de cuivre sur laiton. Les acides étendus qui détruisent immédiatement l'enduit d'oxyde de cuivre ont peu d'effet sur lui, seulement on comprend que quand ces acides sont plus concentrés et qu'on les fait agir longtemps, le zinc sous-jacent doit être lui-même attaqué. L'acide chlorhydrique le dissout en produisant une liqueur brune de chloride de manganèse.

Je ne hasarderai aucune conjecture sur le développement des applications pratiques dont est susceptible ce moyen pour recouvrir le zinc d'une patine, mais le procédé pour l'emploi qui a fait l'objet de mon travail me paraît offrir un résultat certain et devoir intéresser au plus haut degré l'industrie du zinc.

5° *Procédé pour appliquer sur zinc, par voie chimique, des enduits colorés très-brillants, par M. R. BÖTTGER.*

Ce procédé que j'ai mis depuis longtemps à l'épreuve, s'applique plus particulièrement sur le zinc exempt le plus possible de plomb. J'ai reconnu que les zincs du commerce provenant de Spenglern, en Allemagne, que j'ai employés fréquemment en feuilles minces, et les divers fils de zinc, étaient très-propres à recevoir ces préparations.

Une condition importante pour réussir dans ces expériences, et surtout pour obtenir des nuances colorées bien brillantes, est que les feuilles ou les fils de zinc soient nettoyés à blanc. A cet effet, je recommande de les écurer avec soin, peu de temps avant de les colorer, avec du sable quarzeux bien fin mouillé avec de l'acide chlorhydrique faible; puis de les plonger dans l'eau, et enfin de les sécher très-soigneusement en les frottant vivement avec du papier buvard blanc.

Ainsi préparés, les divers zincs en feuilles ou en fils se revêtent, à une température moyenne ordinaire, et par une simple immersion dans un seul et même liquide, des nuances les plus va-

riées, suivant qu'on les tient immergés plus ou
moins de temps. C'est, en effet, de la durée de
cette immersion que dépend le développement de
l'une ou l'autre des couleurs.

Le liquide le plus propre à cet objet est une
solution alcaline de tartrate de cuivre qu'on prépare ainsi qu'il suit : on verse, sur 3 parties en
poids de tartrate de cuivre séché à l'air, une solution de 4 parties en poids de soude caustique,
et 48 parties d'eau distillée. Si on opère avec une
solution cuivrique de ce genre, couleur indigo
foncé à + 10° C., il suffit de 2 minutes environ
pour obtenir une feuille de zinc qu'on y plonge,
colorée en *violet ;* si on prolonge l'immersion pendant 3 minutes, on a une magnifique couleur
bleu d'acier foncé ; en 4 1/2 minutes d'immersion,
la feuille est colorée en *vert ;* en 6 1/2 minutes
en *jaune d'or*, et en 8 1/2 minutes en *rouge pourpre*.

Si la solution cuivrique a une température plus
élevée ou moindre que celle indiquée, le développement de l'une ou l'autre de ces colorations
varie suivant d'autres petits intervalles.

Une chose remarquable, c'est que la série des
colorations qui se succèdent les unes aux autres
est exactement la même que celle des couleurs du
spectre solaire.

Si on laisse la feuille de zinc immergée plus de
8 1/2 minutes dans la solution à 10° C., on voit
s'évanouir la coloration rouge pourpre indiquée,
et à sa place apparaître, suivant la nouvelle durée
de l'immersion, l'une ou l'autre des colorations

indiquées, mais avec une intensité moindre, jusqu'à ce qu'enfin, après une immersion d'un jour, le zinc se recouvre d'un enduit épais et de couleur sale de protoxyde de cuivre.

Si on lave la feuille de zinc après qu'on a vu apparaître l'une ou l'autre coloration qu'on désire, en enlevant vivement cette feuille du bain, la plongeant aussitôt dans l'eau et la séchant parfaitement, on obtient des enduits d'un très-bel éclat dont il est à désirer que l'industrie tire parti.

Quant à la question de savoir si ces magnifiques colorations sur zinc auront une longue durée, ou si, par l'application d'un vernis convenable, elles auront une plus grande solidité, il n'y a que le temps et l'expérience qui puissent la résoudre.

Section IV. — BRONZAGE DU PLATRE, DU BOIS, DU PAPIER ET DU CARTON.

On donne à un certain nombre d'objets en plâtre, en bois, en papier ou en carton, une couleur de bronze qui varie suivant la nature des substances employées pour la produire, et se rapproche plus ou moins de la couleur du bronze véritable.

1. On peut bronzer d'une manière très-brillante au moyen de feuilles d'or broyées à la molette avec du miel ou un mélange de gomme; on se sert pour cela des rognures obtenues dans le travail du batteur d'or. On enduit l'objet que l'on veut bronzer avec une couche d'huile de lin, et l'on répand ensuite dessus la poudre métallique, par exemple avec un petit tampon de linge.

2. On peut employer au même usage l'*or mussif* (sulfure d'étain), dont on broie une partie avec six d'os calcinés et réduits en poudre très-fine; on en prend une petite quantité avec un linge humecté, au moyen duquel on passe la matière sur l'objet qu'on veut bronzer, on le frotte d'abord avec un linge sec, et l'on passe ensuite la pièce au brunissoir.

Quand c'est sur le papier qu'il s'agit d'appliquer l'or mussif, on broie cette matière sans aucun mélange d'os calcinés, on se sert de blanc d'œuf pour glaire, ou d'un vernis léger à l'alcool. La matière est appliquée au pinceau, et l'on brunit ensuite.

3. Quand on plonge dans une dissolution de sulfate de cuivre étendue d'eau bouillante une lame de fer bien nette et décapée, on précipite du cuivre à l'état de poudre fine, qu'on peut laver facilement en l'agitant à plusieurs reprises avec de l'eau. Cette poudre, broyée avec six fois son poids d'os calcinés, peut servir à bronzer comme il a été dit précédemment.

4. Quelquefois on veut communiquer à divers objets une couleur grise, presque semblable à celle du fer, et que l'on nomme *bronze blanc;* on l'obtient par divers moyens. D'abord, l'*argent mussif* donne une très-belle teinte, mais on se sert aussi d'étain réduit en poudre fine, qu'on se procure en coulant ce métal fondu dans une boîte, dont les parois sont bien enduites de craie en poudre, on agite l'étain fondu dans cette boîte, très-vivement et sans discontinuer, jusqu'à ce que

le métal soit entièrement froid. Cette poudre,
passée au tamis de soie et délayée dans une dissolution de colle-forte, est appliquée au pinceau
sur l'objet que l'on veut bronzer; cela produit
une couleur mate, qu'on peut brunir pour l'avoir
brillante.

Quant à l'*argent mussif*, il se prépare avec parties égales de bismuth, d'étain et de mercure.

Quand c'est le plâtre qu'on veut bronzer en gris,
dit *bronze blanc*, il faut le frotter avec de la
plombagine.

5. La fonte de fer bien décapée, plongée dans
une faible dissolution de sulfate de cuivre, fait
précipiter à sa surface une petite quantité de cuivre métallique, qui y adhère assez fortement;
dans cette circonstance, le cuivre prend une teinte
rougeâtre qui passe au jaune-brun.

*Bronze en détrempe pour vases et statues en
plâtre, placés à l'intérieur des édifices.* — On procède de la manière suivante : après avoir donné
deux couches en détrempe légère avec la terre de
Vérone, et les avoir laissé sécher, on frotte avec
un linge enduit de poudre de bronze, les extrémités les plus saillantes, comme le nez, les lèvres,
le menton, les coudes, les genoux, les doigts des
pieds et des mains, les plis des draperies, etc. Ces
effets sont au goût de l'artiste, qui doit les varier
suivant la disposition du sujet. Cette couleur ne
peut s'employer qu'à l'intérieur et pour des décorations de fêtes; c'est ce procédé employé communément par les mouleurs en plâtre.

Bronze à l'huile pour les mêmes. — Après les

avoir préparés à l'huile siccative, comme il a été
indiqué pour la peinture à l'huile sur plâtre, on
couche deux teintes de vert métis broyé à l'huile
avec un peu de blanc et de noir. Ce premier fond
étant disposé, il faut alors employer, suivant le
sujet, pour produire des frottis, des mélanges
d'ocre de rue, de jaune de Naples, de terre de
Sienne et de terre d'Ombre brûlées; les parties
les plus saillantes devront être claires et formées
de jaune de Naples, de terre de Sienne et de plus
ou moins de blanc. Ce n'est que la pratique, ai-
dée de quelques notions de l'art du statuaire, qui
puisse indiquer les effets que l'on doit produire
par le mélange de ces couleurs.

Bronzage des statues en plâtre.

Nous transcrivons ce procédé d'après le journal
Le Technologiste (tome XI, page 579) (1).

On applique d'abord et le plus également possible une couche de colle de brochette ou de par-
chemin sur le plâtre. Il faut être exact et prompt
dans cette opération, car la colle se sèche promptement, et on ne doit doubler la couche en aucune
partie. On passe ensuite sur le plâtre une brosse
mince, douce et large, en prenant le plus grand

(1) Le TECHNOLOGISTE, *Archives des progrès de l'industrie
française et étrangère*, publié par une société de savants et de
praticiens sous la direction de M. Malepeyre. Ouvrage utile aux
manufacturiers, aux fabricants, aux chefs d'ateliers, aux ingé-
nieurs, aux mécaniciens, aux artistes, etc., etc., et à toutes les
personnes qui s'occupent d'arts industriels. Prix : 18 fr. par an
pour Paris, 19 fr. 50 pour la province, et 21 fr. pour l'étranger.
On s'abonne à la *Librairie Roret*, rue Hautefeuille, 12, à Paris.

soin d'unir parfaitement la colle, afin qu'il ne paraisse à la surface ni rayures, ni aspérités. La figure réclame surtout beaucoup d'attention.

Lorsque cette première couche est sèche, on humecte la brosse avec une autre colle, dite *colle d'or* (*oil gold*, huile-or), qu'on applique aussi légèrement que lorsqu'on étend un vernis. On met la statue dans un lieu où la poussière et la fumée ne puissent pénétrer, et deux jours après on peut employer la poudre de bronze.

Ce métal, quand on l'applique, est réduit en poudre très-fine; on la prend avec un tampon de laine ou de coton qu'on presse sur le plâtre; vingt-quatre heures après, on frotte légèrement pour faire disparaître toutes les parcelles poudreuses qui seraient demeurées à la surface et qui n'y adhéreraient pas; c'est la dernière opération. Alors la statue est bronzée, et on peut l'exposer en plein air sans craindre qu'elle soit endommagée par les intempéries des saisons.

On peut préparer soi-même la poudre métallique comme suit :

On fait dissoudre de la limaille de cuivre dans l'acide nitrique; quand la dissolution est complète, on la verse sur des parcelles de fer dont elle dissout quelques portions. Le fer donne la couleur de bronze au précipité qui se dépose au fond du vase. Les parcelles de fer qui auraient pu se mêler au précipité sont retirées, on lave celui-ci à plusieurs reprises dans de l'eau très-limpide, et on n'en fait usage que quand il est parfaitement sec.

On a éprouvé pendant longtemps de grandes difficultés à faire un bon fond pour peindre, vernir et bronzer sur plâtre. M. Rimbaud paraît avoir levé ces difficultés, et pour cela, il applique sur les plâtres une solution d'albumine dans l'acide acétique. Les proportions sont une partie d'albumine pour cinq parties d'acide, et celui-ci n'a pas besoin d'être d'une grande force. Cette solution bouche complétement les pores du plâtre ou des pierres spongieuses, et forme un enduit adhérent et lisse sur lequel on peut appliquer les couleurs et les vernis.

FIN DU BRONZAGE.

PEINTURE

ET

VERNISSAGE DES MÉTAUX

ET DU BOIS

PAR M. F. FINK

Peintre-Décorateur.

—◦◦∞◦—

La peinture en décor se divise en plusieurs spécialités : la peinture en bâtiments, en équipages, sur porcelaine, sur faïence, sur émail, sur verre et enfin sur métaux. Cette dernière branche, d'une importance considérable, n'a encore été décrite dans aucun traité spécial. C'est cette lacune que je me suis proposé de combler.

Mon but, en publiant ce Manuel, a donc été de me rendre utile aux ouvriers, en décrivant cet Art aussi simplement que possible, sans néanmoins omettre le moindre petit détail, mais en abrégeant autant qu'il m'a été permis de le faire, sachant moi-même par expérience que le temps est toujours bon à épargner et que l'ouvrier ne peut malheureusement pas toujours disposer de ses moments.

Je ne traiterai nullement de la fabrication des couleurs et des vernis, industrie qui a été décrite avec détails dans un Manuel spécial de l'Encyclopédie-Roret ; c'est à l'ouvrier peintre que je m'adresse et non au fabricant de couleurs et de vernis.

Avant de me mettre à l'œuvre, je n'ai épargné ni démarches ni recherches pour m'assurer s'il avait été publié un Traité de Peinture sur métaux. Ce n'est qu'après preuve du contraire que je me décidai à publier mon travail sous forme de Manuel, mis à la portée de toutes les intelligences, et expliquant le travail le plus simple comme le plus minutieux, tout en dépouillant mon ouvrage de l'aridité que comporte le sujet traité.

PREMIÈRE PARTIE

DES COULEURS, DES PINCEAUX ET DES TEINTES.

ARTICLE I. — *Nature des couleurs.*

La peinture est l'art de recouvrir une surface donnée, de substances préparées et appliquées dans des conditions qui peuvent beaucoup varier.

Les substances employées en peinture sont les couleurs, et chacune d'elles possède un nom différent.

Les couleurs se divisent en deux catégories, et sont de nature différente. La première de ces catégories se compose des couleurs qui couvrent en une ou plusieurs couches et que nous appellerons pour cela *couleurs positives*. Nous les distinguerons dans la nomenclature qui va suivre par la lettre P. La seconde catégorie est formée de couleurs translucides qu'on appelle *azurs* ou *couleurs négatives*. Elles ont besoin d'être préparées d'une manière différente des précédentes, et nous les indiquerons dans la nomenclature par la lettre N.

Les couleurs les plus en usage dans la peinture sur métal sont les suivantes.

ARTICLE II. — *Nomenclature des couleurs.*

Blanc d'argent,	P.	Bleu de cobalt,	P.
— de céruse,	P.	— d'outremer,	N.
— de zinc,	P.	— de Rixheim,	N.

Bleu de Paris,   N. | Noir de fumée,   P.
— d'indigo,   N. | — d'ivoire,   P.
— de Prusse,   N. | — de bougie,   P.
— milori,   P. | Rouge de Perse,   P.
Brun Van Dyck,   P. | — de Saturne,   P.
— rouge,   P. | — d'Allemagne,   P.
— velours,   P. | — ocre,   P.
Cadmium clair,   P. | — d'Inde,   P.
— foncé,   P. | Terre de Sienne na-
Carmin,   N. | turelle,   P.
Jaune de Naples clair,   P. | Terre de Sienne cal-
— — foncé,   P. | cinée,   P.
— de chrome | — d'ombre na-
clair,   P. | turelle,   P.
— de chrome | — d'ombre cal-
foncé,   P. | cinée,   P.
— indien,   P. | — de Cassel,   P.
— d'Inde,   P. | Vermillon anglais,   P.
— d'Italie,   P. | — français,   P.
— d'Allemagne,   P. | — allemand,   P.
— ocre,   P. | Vert métis,   P.
— ocre de rue,   P. | — Veronèse,   P.
Laque de Munich,   N. | — anglais,   P.
— anglaise,   N. | — milori,   P.
— carminée,   N. | — de Rixheim,   P.
— brune,   N. | — d'outremer,   P.
— capucine,   N. | — cristallisé,   N.
— jaune,   N. | — impérial,   P.
Minium,   P. | Terre verte,   P.

Indépendamment des couleurs que je viens d'énumérer, il y a encore quelques couleurs liquides, telles sont les suivantes :

Vernis noir du Japon,   N.
— pontipool,   N.
— Black,   N.

Les couleurs que j'ai nommées précédemment, étant toutes en poudre ou en pierres, on se sert de liquides pour les rendre applicables.

Ces liquides sont :

Essence de térébenthine.
— minérale.
Huile de lin.
Huile de lin cuite.
Vernis au copal.
— — blanc.

Les vernis au copal les plus renommés viennent d'Angleterre.

Les couleurs ont besoin de subir une opération que l'on appelle broyage ; ce mot signifie écraser et mélanger les couleurs à un corps gras pour pouvoir en faire usage.

Pour ce travail, on se sert des objets suivants :

Une platine de marbre, de verre ou de toute autre pierre dure.

Une molette de même substance que la platine.

Une spatule en corne, en acier ou en bois.

La platine doit avoir 50 à 60 centimètres carrés et 3 à 4 centimètres d'épaisseur.

La molette doit être ronde, et aura à sa partie inférieure un diamètre de 7 à 8 centim. environ, et 15 à 16 centim. de hauteur, qui viendra se perdre insensiblement en forme de pyramide vers sa partie supérieure ; elle sert à broyer les couleurs.

La spatule, de 16 à 18 centimètres de longueur, doit être mince vers son extrémité en venant plus forte vers le manche, afin qu'elle soit flexible du bout.

ARTICLE III. — *Broyage des positives.*

Les positives sont marquées, dans la nomenclature ci-dessus, par la lettre P et les négatives par celle N. On prend une des positives, on la place au centre de la platine, on fait un mélange de deux parties : moitié d'huile de lin cuite et moitié d'essence de térébenthine, l'on verse de ce mélange sur la couleur, afin d'en faire une pâte très-épaisse, et, avec la molette, on imprime un mouvement circulaire sur la platine, afin que la couleur reste bien au centre, et lorsqu'on juge qu'elle est suffisamment broyée, on la ramasse avec la spatule et on la dépose dans un vase bien propre; on met ensuite à sa surface, de la hauteur de 3 à 4 centimètres de l'eau fraîche, elle est alors en état de conservation et n'est pas encore propre à l'usage.

ARTICLE IV. — *Broyage des négatives.*

L'on prend une des négatives, on la met de même que les positives sur la platine, puis on la broie avec de l'essence de térébenthine pure. On la dépose ensuite dans un vase et l'on verse sur sa surface de l'essence au lieu d'eau pour la conserver, elle n'est pas propre à l'usage en cet état.

Je ferai remarquer que les positives ainsi que les négatives doivent être broyées très-épaisses dans leurs premiers liquides et je décrirai plus loin les corps gras employés pour les rendre applicables.

ARTICLE V. — *Pinceaux divers pour l'emploi des couleurs.*

Les pinceaux les plus en usage en peinture sont : les blaireaux, putois, martre et fouine. Chacun de ces pinceaux trouve son emploi dans ce manuel, c'est-à-dire que l'un pourrait être trop faible pour un certain travail, tandis que l'autre pourrait être trop rude. Je reviendrai plus largement sur ces observations, lorsque nous serons arrivés aux opérations qui nécessitent les uns ou les autres de ces pinceaux.

ARTICLE VI. — *Première couche de peinture sur un métal.*

Pour avoir une solidité parfaite, il faut que la surface sur laquelle on se propose d'opérer, présente des conditions irréprochables, c'est-à-dire qu'on ne doit y voir aucune trace de rouille, de vert-de-gris ou toute autre substance rougeâtre, qui pourrait, dans la suite, détruire un travail pour lequel on aurait pris beaucoup de peine. Il faut, en conséquence, avoir recours à un dérochage, différant naturellement pour les divers métaux ; je renverrai donc le lecteur à la quatrième partie de cet ouvrage (page 166), où tous les procédés sont décrits en détail.

On prend donc une des positives, qui a été préalablement broyée et conservée dans un vase, l'on en enlève avec une cuillère destinée à cet usage, une certaine quantité que l'on met dans un autre vase bien propre, puis on ajoute une quantité suffisante de vernis au copal n° 1, pour que la couleur devienne comme une pâte à beignets. Il n'est guère possible de donner des doses exactes sur le poids ou la quantité de vernis à employer, attendu que la proportion des vernis au copal se règle assez ordinairement d'après les variations atmosphériques. Si le temps est chaud, le vernis devient liquide, s'il fait froid, il devient épais, ou se fige en quelque sorte.

La couleur préparée doit présenter les conditions suivantes : elle ne doit être ni trop épaisse ni trop liquide ; l'un et l'autre cas empêcherait la réussite ; il faut donc savoir trouver un juste milieu : la couleur trop épaisse donnerait des croûtes (appelées coulasses en peinture), principalement pour des objets d'une haute forme (telle qu'une lampe à modérateur) ; celle trop claire, au contraire, ne couvrirait plus. C'est donc le tâtonnement seul qui conduit à un travail irréprochable, dans la peinture comme dans plusieurs autres arts.

Toutes les positives peuvent être préparées, comme je le disais à l'instant, et appliquées sur tous les métaux ; cependant, je ferai remarquer qu'il doit entrer un peu plus d'huile de lin cuite dans les positives que l'on voudra employer pour le zinc que pour les autres métaux, mes expériences m'ont souvent démontré que l'oxydation se développait insensiblement sous la couche de peinture, qui alors n'offrait plus d'adhérence, de sorte que le moindre frottement d'une substance dure suffisait pour mettre le zinc à nu, ce qui n'arrive pas aussi facilement pour les autres métaux tels que le fer, l'acier, le cuivre, etc., qui sont infiniment plus durs.

Lorsqu'on veut peindre un objet, l'on prend une des positives dont j'ai décrit la composition plus haut et l'on trempe un blaireau proportionné à la grandeur de l'objet à recouvrir dans la couleur préparée. Il faut pour peindre l'objet croiser les coups de pinceau et étendre vigoureusement, ces deux opérations n'en faisant qu'une, car il est nécessaire que le vernis copal mêlé à la couleur, ait le temps de couler ou de s'étendre seul, et alors les coups de pinceaux, que l'on voyait en premier lieu, s'effacent presque complétement, et par ce moyen, on obtient une couche bien uniforme ; dans le cas contraire, si on traînait l'on finirait par mettre la couleur en hauteurs et on ne pourrait plus produire une peinture fine, lisse et unie. Ce sont surtout ces petites prescriptions qu'il faut tâcher d'observer en se rendant bien compte des effets dans le cours des études, l'exactitude dans la peinture, étant toujours la source d'une foule de bons procédés. Je finirai ce chapitre en rappelant que toutes les positives sont préparées et appliquées dans les mêmes conditions pour les premières couches.

Pour couvrir une surface, il faut toujours deux couches, après quoi la pièce est portée dans une étuve (de laquelle je donne la figure à la page suivante) et on l'y laisse séjourner au moins 7 à 8 heures à la chaleur de 35 à 40 degrés. L'objet étant sec (ou du moins la couleur) est retiré et on peut le laisser en cet état si c'est simplement pour le garantir contre l'oxydation.

ARTICLE VII.— *Des positives composées ou couleurs composées.*

Les couleurs composées sont celles où l'on a marié deux couleurs différentes naturelles et que peuvent remplacer les naturelles primitives; je citerai comme des exemples :

Le jaune et le bleu donnent le vert.

Le rouge et le noir donnent le brun.

Le jaune et le rouge donnent l'orange (effet du cadmium).

Le blanc et le bleu d'outremer (effet du cobalt).

Le minium et le carmin (effet du vermillon).

Faisons bien remarquer que pour faire ces différentes compositions, il faut savoir mettre une juste mesure, et que, malgré toute la justesse du sens de la vue, on ne parvient pas d'une manière absolue à reproduire par les compositions les couleurs naturelles, mais ces compositions peuvent servir en certains cas.

ARTICLE VIII. — *Des teintes et demi-teintes.*

Les teintes et demi-teintes sont des mélanges de couleurs différentes qui n'ont plus de rapport avec celles primitives, et je présenterai ici quelques notions à ce sujet.

Le blanc et le noir font le gris dans toute la gamme, c'est-à-dire du gris clair au gris foncé, mais supposons que nous y ajoutons un peu de rouge ou de brun, nous obtiendrons un gris-brun, ou demi-teinte pour une couleur qui était en premier lieu par la réunion du blanc et du noir une teinte simple, et toutes les fois qu'il y aura plus de deux couleurs différentes, ce sera une demi-teinte.

Il en est de même pour toutes les couleurs, et le lecteur comprendra qu'il est inutile de décrire toutes les compositions que l'on obtient en mêlant une couleur à une autre, d'autant plus que chacun compose pour son œil et d'après son goût.

Article IX. — *Construction de l'étuve.*

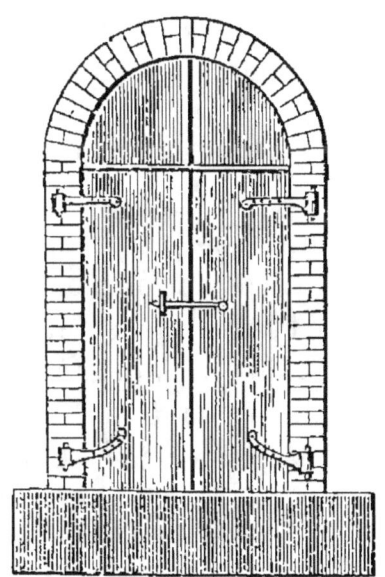

Fig. 1.

L'étuve, fig. 1, doit avoir 2 mètres de hauteur,

1^m.50 de carré à l'intérieur, et être bâtie en briques réfractaires.

Pour établir une étuve, on commence par bâtir un socle de 30 centimètres de hauteur et qui dépasse le diamètre de l'étuve de 10 centimètres sur toutes les faces; on continue à élever ce qui doit alors former le corps de l'étuve, et lorsque celle-ci sera établie en briques, on aura soin de l'enduire de plâtre à l'intérieur.

On aura aussi eu l'attention de ménager un trou à la hauteur du socle de la grosseur d'un tuyau de poêle. A chaque coin, on posera une tringle en fer de 3 à 4 centimètres de largeur et 2 centimètres d'épaisseur sur laquelle on aura rivé des petits crochets comme je l'indique, fig. 2, en ayant soin que tous ces crochets regardent à l'extérieur et soient tous dans le même sens.

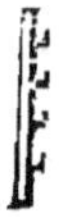

Fig. 2.

L'étuve doit être fermée par deux portes en fer.

Par le trou qui a été ménagé précédemment, on introduit un corps de fourneau auquel on fait faire le tour de l'étuve, mais derrière les quatre tringles en fer, afin qu'il ne gêne pas lorsqu'on voudra mettre des grillages à l'étuve.

Les crochets de ces tringles sont posés de distance en distance, puis on a des petites barres de fer carrées, que l'on pose dans ces crochets en travers de l'étuve derrière et devant.

Lorsqu'on veut peindre un ou plusieurs objets,

on prend un grillage, fig. 3, construit ainsi qu'il
suit. Le châssis est en bois de
sapin et recouvert d'un gril-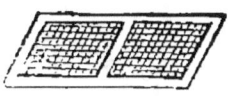
lage de fil-de-fer, on pose les
objets sur le grillage, puis la
main gauche sur la barre du
milieu et avec la main droite
on tient le bout et on porte à l'étuve.

Fig. 3.

Cela fait, on pose un fourneau derrière l'étuve
et on introduit l'ouverture dans celle du trou
ménagé, on chauffe alors le fourneau et on sèche
les objets déposés dans l'étuve.

DEUXIÈME PARTIE

DE LA MANIÈRE DE PRODUIRE LES COULEURS,
IMITATIONS, FAUX BOIS.

ARTICLE 1. — *Manière de produire le rouge.*

Supposons que nous ayons un plateau limonadier à recouvrir, on lui donne d'abord une couche du vermillon, préparé en positives (voir la manière de préparer les positives, p. 118 et 119), puis on le porte à l'étuve; après le séchage, il reçoit une seconde couche du même vermillon et on le reporte de nouveau à l'étuve. Dès qu'il sera sec, on le retirera et il subira alors un ponçage (nous indiquerons plus tard la manière de poncer et les matériaux nécessaires). Après cette opération, on prendra la négative ou laque carminée qui a été préparée au moins huit à dix jours auparavant de l'employer. J'entrerai ici dans quelques détails sur la préparation de cette négative.

Cette laque étant déjà en état de conservation, on dispose à sa portée un vase en fonte de fer, de la contenance d'un litre environ, l'on met de cette laque carminée dans ce vase environ un tiers de sa capacité et l'on y ajoute le reste de vernis au copal n° 1 (à teintes), puis on l'agite avec une lame de bois, afin que la laque se mêle avec le copal. Cette opération terminée, on laisse reposer, comme je l'ai dit, au moins huit ou dix jours. Au bout de ce temps, cette négative est devenue très-transparente et est propre à l'usage.

Il ne serait pas bien difficile de produire un rouge, un bleu, un brun, etc., s'il ne s'agissait tout simplement que de donner une couche d'une des couleurs ci-dessus, puisque le rouge est rouge — le bleu, bleu, etc.

Mais c'est cette vigueur et ce fond azuré qu'on n'obtient que par la combinaison des positives et négatives, et ce sont justement ces négatives employées avec les positives, comme je le décris ci-dessous, qui donnent cette profondeur et ce velouté.

Reprenons notre plateau, qui a subi un ponçage et mettons-nous à l'œuvre pour le négativer. L'on prend un pinceau putois d'une grosseur proportionnée à la grandeur du plateau, on le trempe dans la négative, ou laque carminée, et on l'étend vigoureusement en tous sens. On laisse ensuite reposer un moment à plat, afin que la couleur ait le temps de couler. En cet état, le plateau est porté à l'étuve et retiré après le séchage pour recevoir une seconde couche de la même négative et subir un second séchage. Enfin, après le séchage, il reçoit une couche de copal pour fixer la négative, qui ne pourrait soutenir ni ponçage ni fatigue sans cette précaution; on peut alors laisser l'objet en cet état, mais si on veut le décorer ou le nacrer, il faudra avoir recours aux procédés qui seront décrits spécialement dans la suite pour cet objet.

ARTICLE II. — *Manière de produire le bleu.*

On prend du blanc de céruse dans lequel il n'est pas encore entré de vernis au copal, mais qui est déjà broyé, comme on l'a indiqué ci-des-

sus, c'est-à-dire en état de conservation. On prend
alors du bleu d'outremer préparé en négative, que
l'on mêle au blanc, jusqu'à ce qu'il présente une
nuance bleu de ciel, puis on y ajoute une quantité
suffisante de vernis au copal pour la rendre applicable, comme on l'a dit pages 118 et 119, en
parlant des positives préparées.

D'un autre côté, on prépare la négative pour
produire le bleu; on prend donc du bleu d'outremer, broyé en négative, dans un vase et l'on
y ajoute de l'essence, jusqu'à ce que le bleu soit
liquide comme de l'eau et ne conserve plus qu'une
légère transparence. Mais comme cette négative
n'aurait pas assez de corps et de fixité pour recevoir les différentes couches, on ajoute à cette
composition un peu d'huile de lin cuite et un peu
de vernis au copal pour lui communiquer une
légère consistance grasse.

On donne deux couches de ce bleu de ciel en
positive après lesquelles on ponce, puis ensuite,
quatre couches de la négative bleu d'outremer;
après un séchage pour chaque couche et pour
fixer, l'on donne une couche de copal comme pour
le rouge. Je ferai les mêmes remarques que ci-
dessus, s'il s'agit de décorer ou de nacrer.

ARTICLE III. — *Manière de produire le noir.*

On prend la positive noir de fumée préparée,
l'on en donne deux couches, et après le ponçage
on donne deux couches de la négative noir du
Japon et une couche de copal, en ayant soin de
faire subir un séchage à chaque couche.

Je ferai remarquer qu'au lieu de noir du Japon, on peut se servir de la négative pontipool, mais elle n'est pas aussi noire.

ARTICLE IV. — *Manière de produire le brun.*

On donne deux couches de brun Van Dick, préparé en positive, et après un ponçage. On prépare d'un autre côté en négative de la laque brune, et après deux couches de cette négative, la surface reçoit une couche de copal, qui est le liquide fixateur dans toutes les opérations.

ARTICLE V. — *Manière de produire le vert.*

Pour produire le vert au moyen du vert métis ou du vert Véronèse, il faut au moins quatre couches. Ce vert, préparé en positive, n'a pas besoin d'être négativé.

Le vert produit au moyen du vert anglais, du vert impérial ou du vert Milori peut suffisamment couvrir en deux couches.

ARTICLE VI. — *Manière de produire le jaune.*

Il faut au moins quatre couches pour produire le jaune, au moyen de la positive jaune de chrome, qui est, comme le vert, sans beaucoup de corps.

ARTICLE VII. — *Manière de produire le blanc.*

On donne une couche de blanc de céruse, préparé en positive, pour lui communiquer de la solidité.

D'un autre côté, on prend du blanc d'argent broyé à l'essence, puis on y ajoute, dans les conditions déjà décrites pour les positives, une certaine quantité de vernis au copal blanc, vernis fabriqué spécialement pour mêler aux blancs pour intérieurs des objets, mais ce vernis n'est pas très-solide, malgré la couche de positive que l'on donne préalablement. On applique deux couches, après quoi l'objet est suffisamment couvert.

ARTICLE VIII. — *Manière de produire le jaspé.*

Je ferai remarquer qu'on recherche toujours pour cette opération des fonds foncés : tels que noir, brun, vert, bleu, etc.

On prend donc une des positives désignées ci-dessus, mais il est bon à savoir qu'il ne doit entrer dans la composition de cette positive que de l'essence et du vernis au copal. Si on y faisait entrer seulement quelques gouttes d'huile de lin, ou de toute autre huile, on ne réussirait pas. On broie donc l'une des positives très-épaisse à l'essence et éclaircie par le vernis au copal, et l'on en applique deux couches; mais faisons bien remarquer que la seconde couche ne doit pas être entièrement sèche, il faut savoir saisir le moment convenable; elle ne doit pas être non plus trop humide, et il faut à peine qu'elle marque légèrement lorsqu'on pose le doigt dessus, mais l'étuve doit être chauffée à un degré bien plus élevé qu'à l'ordinaire, au point qu'on puisse à peine tenir l'objet dans les mains. On aura donc à sa portée, un gobelet, dans lequel il y aura de l'essence de térébenthine et un pinceau.

On retire l'objet de l'étuve, et, pendant qu'il est encore chaud, on trempe le pinceau dans l'essence, on le tient entre le pouce et le grand doigt, et avec l'index on gratte légèrement sur le poil, et on le dirige en tout sens, afin que les gouttes qui s'échappent du pinceau tombent sur l'objet. Lorsqu'on juge qu'il en est tombé suffisamment partout, on laisse refroidir et, après que l'objet est refroidi, on prend un paquet de poudre d'or ou de bronze, et, avec un pinceau fouine que l'on a légèrement trempé dans le bronze, on passe à la surface de l'objet; alors les petites gouttes d'essence, qui étaient tombées dessus et qui se sont élargies par la chaleur, n'ont plus laissé qu'une foule de petits cercles entrelacés les uns dans les autres, qui ne se montrent que lorsqu'il a été passé du bronze à la surface.

On peut jasper avec différentes couleurs de bronze, soit du bronze vert, rouge, jaune ou blanc.

Mais si on voulait avoir plusieurs bronzes entrelacés les uns dans les autres, on recommencerait l'opération pour chaque espèce de bronze et l'objet serait porté à l'étuve et jaspé autant de fois qu'on voudrait avoir de couleurs de bronzes différents. La surface ne doit pas rester longtemps en cet état, car le moindre frottement suffirait pour effacer complétement le jaspé; on devra donc, après avoir jaspé, porter l'objet à l'étuve et l'y laisser trois quarts d'heure ou une heure, après quoi on le retire, et il recevra une couche de copal pour fixer le jaspé.

ARTICLE IX. — *Du bronzage au bronze.*

Les positives pour le bronzage sont préparées

comme je l'ai dit, pages 118 et 119. L'on donne
deux couches d'une couleur quelconque, la première couche est séchée entièrement, mais la seconde doit encore coller un peu pour que le
bronze tienne, et on a soin de la laisser sécher à
l'air libre jusqu'à ce que la peinture se présente
dans les conditions convenables.

On applique la peinture et le bronzage à une
variété considérable d'objets, mais je choisirai,
comme exemple, un candélabre. Chacun sait
qu'on y applique différents décors en relief. Lorsque la couleur est presque sèche, on se met à
l'œuvre; on ne bronze ordinairement que les sujets en relief, on bronze en trempant le doigt dans
le bronze, et en le promenant légèrement à la
surface des dessins en hauteur, et lorsque le bronze
est sec il reçoit une couche de copal pour fixer.

§ 1. *Du bronzage au moyen des couleurs sèches sur les positives.*

Lorsqu'on opère sur un fond clair, on peut se
servir des négatives, et sur les fonds foncés des
positives plus claires.

On prépare une positive dans un ton teinte ou
demi-teinte quelconque, soit : rose (mélange de
carmin et de blanc de céruse), violet clair (mélange de blanc, carmin et bleu d'outremer), gris
(mélange de blanc et de noir), etc. L'on donne
deux couches, et l'on fait sécher à l'étuve la première couche complétement; la seconde couche
doit être séchée à l'air, et, de même que pour le
bronzage au bronze il ne faut pas qu'elle soit entièrement sèche.

Si l'on veut bronzer sur un fond rose, on écrase
à sec du carmin ou laque carminée qu'on a passé
au tamis de soie, et, d'un autre côté on a un ou
plusieurs pinceaux qui n'ont pas encore servi dans
des couleurs préparées et qui sont destinées spécialement à cet usage. On se sert ordinairement
de petits pinceaux en plumes. On frotte légèrement le pinceau dans le carmin, puis on commence à ombrer du bas afin que l'ombre se perde
insensiblement vers le haut.

Je ferai remarquer que lorsqu'on opère sur un
fond clair, il faut que le bronzage se fasse de bas
en haut, et sur les fonds foncés de haut en bas,
et que lorsque la couleur avec laquelle on veut
bronzer est plus claire que le fond, on doit opérer
aussi de haut en bas.

§ 2.   *Du bronzage au pinceau au moyen des couleurs*
préparées.

Je ferai ici les mêmes observations que ci-dessus
pour ce mode de bronzage, seulement, au lieu
d'opérer ou bronzer avec les couleurs sèches, les
couleurs sont préparées de la manière suivante :

Les deux couches de positive, qu'on a choisie,
sont portées à l'étuve et séchées complétement,
après quoi on prépare la couleur destinée au bronzage, qui n'est autre chose que l'une de celles en
état de conservation pour ce qui regarde les positives; quant aux négatives, on doit y ajouter un
peu d'huile de lin cuite.

On lie un pinceau putois, destiné à cet usage,
avec une ficelle, en laissant encore à peu près un

centimètre de poil libre. On a sa couleur toute
préparée pour le bronzage sur une platine de
verre fort, d'environ 30 centimètres carrés, puis
le pinceau putois dont il vient d'être question est
trempé légèrement dans la couleur pour qu'il
n'en reste presque pas, et on commence à taper
vers la partie supérieure de l'objet, en laissant
perdre insensiblement de sa force à la couleur
qui doit devenir, vers la partie inférieure, presque insensible.

ARTICLE X. — *Du trempé ou imitation de l'agate.*

Il est toujours mieux de tremper sur des fonds
blancs ou noirs. Sur les fonds blancs on peut se
servir de toutes les négatives, et sur les fonds
noirs de toutes les positives.

Pour cette opération ou se munit préalablement d'un cuveau, dans lequel on a mis de l'eau
un peu plus des trois quarts de sa hauteur. Ce
cuveau se fait en coupant un tonneau en deux.
D'un autre côté on prépare les positives et les négatives de la manière suivante :

On prend une certaine quantité de chaque positives et négatives broyées en conservation.

D'autre part on fait chauffer dans un vase de
fer ou de fonte du vernis au copal n° 1, jusqu'à
ce qu'étant froid, il soit devenu excessivement
épais et qu'il ne coule pas sensiblement, il faut
au contraire qu'il fasse de grands fils quand on
en retire du vase, avec une baguette en bois.
Chacune des positives et négatives doit avoir un

vase différent, et, l'une après l'autre, on les prépare en mettant dans un vase bien propre ce que l'on voudra d'une de ces couleurs, puis on y ajoute du vernis dont je parlais à l'instant.

Tout étant ainsi préparé, on donne deux couches, de la positive blanc d'argent, à l'objet que l'on veut tremper, après lesquelles on ponce, en ayant soin qu'il ne reste pas de goutte d'eau ni d'humidité à la surface, et il faudrait mieux préalablement faire sécher un moment, car partout où il y aurait des gouttes d'eau les couleurs n'adhéreraient pas. On pose donc l'objet et les couleurs à sa portée, puis on prend les négatives l'une après l'autre, et avec une baguette de bois on enlève de chacune et on les jette à la surface de l'eau (on peut en prendre une ou plusieurs, cela dépend de l'agate qu'on veut imiter); on agite ensuite l'eau légèrement afin que les couleurs se marient, et lorsqu'on a le dessin que l'on désire sur l'eau, on s'empresse d'y tremper l'objet ; alors toutes les veines qui se trouvaient sur l'eau se sont fixés sur l'objet. Après cette opération, on le laisse égoutter quelque temps, puis on le porte à l'étuve, et, lorsqu'il est sec, il reçoit une couche de copal pour fixer.

Faisons remarquer que les négatives qui se marient le mieux sur le blanc sont : le bleu de Prusse, la laque carminée, la laque jaune et la laque verte.

Les positives qui se marient le mieux sur le noir sont : le blanc d'argent, le jaune de chrome, le vermillon et le cadmiun.

Lorsqu'on a trempé quelque temps, les couleurs se figent au point que l'on est obligé d'avoir des petites lames de papier pour les enlever ou séparer de l'eau. On peut recommencer l'opération autant de fois qu'on le juge nécessaire.

ARTICLE XI. — *Imitation de l'écaille.*

On ne fait ce genre de décor que sur les objets distingués, tels que : boîte de toilette, boîte à ouvrages pour dames, boîtes à cigares, cassettes, table de travail, etc., etc., et seulement dans quelques places réservées de l'objet.

Pour procéder à cette opération, on donne une couche de positive noir de fumée; après le séchage elle est légèrement poncée, puis on a à sa portée du vermillon, du jaune de chrome et du blanc de céruse préparé en positive, et avec un petit pinceau en plumes on met de ces positives sur les places réservées de l'objet en question, on en forme de petites gouttes, de manière à ce que ces positives se mêlent un peu, après quoi l'objet est porté à l'étuve. Lorsqu'il est sec, il est retiré et reçoit deux couches de vernis noir japon sur toute la surface afin de couvrir complétement les positives (rouge, jaune et blanc), et après chaque couche il est reporté à l'étuve, et lorsque ces deux couches sont sèches, il reçoit une couche de copal. Dès que cette couche au vernis est bien sèche, on ponce toute la surface de l'objet, mais on doit avoir soin de poncer plus fortement sur les places où on veut voir l'écaille, alors on s'apercevra bientôt que les trois positions qui formaient en premier lieu des hauteurs, se découvrent et donnent parfaitement les veines et dessins de l'écaille, c'est-à-dire que le rouge se découvre et va du rouge vif au brun, en se perdant insensiblement dans le fond qui est noir. Il en est de même du jaune et du blanc. Si l'on veut décorer cet objet, on procède ainsi qu'on l'expliquera à l'article décor, mais si on veut le laisser en cet état, on donne une couche de copal pour fixer.

ARTICLE XII. — *Du granit.*

Les granits étant différents par la couleur, on peut opérer sur fond noir ou gris. L'on préparera donc en positive du noir de fumée, on en donne deux couches à l'objet, et après les séchages on ponce. Si on voulait avoir du granit clair, on mélangerait au noir préparé en positive un peu de blanc, pour lui communiquer un ton grisâtre.

On prépare ensuite du blanc en y mélangeant moitié copal blanc et moitié essence, afin qu'il soit passablement liquide et parfaitement broyé.

D'un autre côté, on a un pinceau plat ou brosse que l'on trempe dans le blanc ci-dessus préparé, puis on prend un manche en bois de chêne ou autre bois dur, sur lequel on frappe afin que la couleur qui se trouve dans les poils du pinceau vienne tomber en petite pluie sur l'objet; toutefois il est toujours bon, avant de le diriger sur l'objet, de frapper dans le vide, et ce n'est que lorsqu'on juge qu'il ne tombera plus de grosses gouttes de couleur que l'on asperge sur l'objet.

Il y a aussi depuis quelque temps des petites

brosses circulaires, dans des étuis ou réservoir en fer blanc, contenant du blanc destiné au granit, auxquelles on donne un mouvement de rotation plus ou moins vite. Alors le blanc contenu dans la partie inférieure du réservoir s'attache sans cesse à la brosse, et par un frottement vient se disperser par la partie supérieure.

Ces petites machines à granit se trouvent chez tous les marchands de couleurs.

Article XIII. — *De la malachite.*

La malachite est une substance minérale, une pierre qui entre beaucoup dans le travail des objets d'art.

Les malachites se font de différentes couleurs, mais je ne signalerai ici que les fonds les plus en usage, et sur lesquels on opère le plus souvent, ce sont les fonds vert, rouge et jaune. On donne deux couches d'une des couleurs ci-dessus, préparée en positive, après quoi on ponce soigneusement, afin qu'il ne reste plus de grains à la surface.

D'un autre côté on broye bien fin du noir animal assez épais et à l'eau pure, on a à sa portée une éponge très-fine et le blaireau avec lequel on fait les faux bois. Tout étant ainsi préparé, on doit mouiller une autre éponge et la poser à la surface de l'objet en question, afin de l'humecter légèrement, puis l'éponge dont j'ai parlé plus haut est trempée dans le noir animal, mais il faut qu'il n'y en ait pas trop; alors on tape cette éponge ainsi imprégnée de noir à la surface de l'objet, jusqu'à ce qu'il y ait du noir en propor-

tion du rouge, puis, pendant que tout est encore
humide, on blairotte légèrement en tous sens,
afin que le noir et le rouge se perdent l'un dans
l'autre; on laisse sécher pendant un quart-d'heure
ou vingt minutes à l'air, après quoi on donne
deux couches de négative, laque carminée. L'objet, après chaque couche, est de nouveau porté à
l'étuve, et quand il est sec il reçoit une couche de
copal pour fixer, après quoi on ponce. Lorsqu'il
est poncé et soigneusement essuyé, on prend un
petit pinceau en plume, à poils longs, on le
trempe dans du vernis copal, puis on imite des
veines très-fines dans le genre de celles qui se
trouvent dans le marbre blanc; puis, lorsque le
vernis est un peu pris, on passe à la surface avec
un morceau de coton qu'on a trempé dans du
bronze métallique; on fait sécher après cette opération, puis on donne une couche de copal.

Si l'on voulait décorer sur un fond malachite,
on s'abstiendrait de faire ces petites veines dont
je parlais à l'instant.

ARTICLE XIV. — *Du chiqueté.*

Le chiqueté se fait ordinairement sur fond
blanc.

On donne deux couches de blanc de céruse
préparé en positive, après le séchage on ponce,
et après ce ponçage on donne une légère couche
de vernis japon à la surface blanche, puis lorsque
la couche est un peu prise, on a un petit pinceau
que l'on a lié aux trois quarts de la longueur des
poils; on le trempe dans un godet contenant de

l'essence de térébenthine, puis on le tient entre
le pouce et le grand doigt, et avec l'index on gratte
légèrement le poil afin que l'essence dont le pinceau est imprégné se détache en petite pluie sur
l'objet; alors l'essence, étant plus fluide que le
japon dont la surface est recouverte, s'élargit en
une multitude de petits cercles, met le blanc à nu
et ne laisse plus que des petites rondelles qui sont
alors presque noires. Dans cet état on met sécher
l'objet, et après le séchage il reçoit une couche de
négative rouge, vert, bleu ou jaune, puis on fixe
avec une couche de copal.

ARTICLE XV. — *Du moiré.*

Le moiré ne peut se faire que sur le fer-blanc
parfaitement poli.

L'objet à moirer doit être, préalablement, parfaitement poli avec du blanc de Troyes, chaux
de Vienne ou blanc d'Espagne et avec un linge
fin.

D'un autre côté, on mélange quatre dixièmes
d'acide sulfurique avec six dixièmes d'eau; ce
mélange est versé dans une caisse en bois et l'objet à moirer est posé dans cette même caisse qui
doit être fermée par un couvercle; au bout d'un
quart-d'heure on retire l'objet, il est moiré; on
le passe ensuite à l'eau fraîche et sans être frotté
ni essuyé il est porté à l'étuve pour sécher. Après
le séchage on donne deux couches d'azur avec
une des négatives, rouge, bleu, vert ou jaune; on
applique après qu'il est sec une couche de copal
pour fixer.

On peut aussi moirer en trempant l'objet dans l'acide, mais si l'on voulait que l'intérieur restât poli, ce mode ne serait pas acceptable, il faut même, avec le premier procédé, boucher toutes les ouvertures que pourrait présenter l'objet, parce que rien que les vapeurs d'acide qui pénétreraient légèrement pourraient dépolir l'intérieur.

On remarquera que ce moiré est produit par le dégagement des vapeurs acides qui forment des taches polies et non polies. On s'aperçoit que quelle que soit la direction dans laquelle on regarde ces taches, elles sont toujours visibles.

ARTICLE XVI. — *Du sablé.*

Ce procédé ne s'emploie que pour l'intérieur des objets, tels que : tabatières, boîtes à tabac à fumer, boîtes à toilette, petits nécessaires de dames, etc.

On donne une simple couche de noir, et; après le séchage, une couche de copal sur laquelle on sème de la fine limaille de cuivre ou de laiton ; lorsque cela est sec on fixe avec du vernis copal auquel on a mêlé un peu de laque jaune.

ARTICLE XVII. — *Manière de faire les faux bois.*

Lorsqu'on veut imiter un bois quelconque, il faut que l'objet sur lequel on se propose d'opérer ait reçu deux couches de positives, de teintes différentes pour les divers bois.

Les bois que l'on imite le plus dans la peinture sur métaux sont : le sapin, l'érable, le chêne, le

noyer et le palissandre. Si l'on veut imiter un
bois clair, il faut aussi que les deux couches de
positives soient en rapport, il en est de même
pour les bois foncés.

§ 1. *Du sapin.*

L'on prend du blanc de céruse, page 118, en
état de conservation, et la quantité qui est stricte-
ment nécessaire pour le nombre d'objets à recouvrir, on dépose dans un vase propre, puis on y
ajoute un peu de jaune d'Allemagne pour lui communiquer une teinte jaunâtre, mais une nuance
qui soit à peine visible, et pour rendre applicable
cette couleur, on suivra absolument ce qui a été
dit aux pages 118 et 119, pour la préparation des
positives. On donne deux couches de cette positive,
et après le séchage on ponce.

Les faux bois se font de deux manières différentes à l'eau et à l'huile. La première a été adop-
tée pour son entretien peu coûteux, et elle est aussi
préférable pour les objets de petites dimensions.

D'un autre côté on a broyé à l'eau propre les
couleurs suivantes : terre de Sienne naturelle,
terre de Sienne calcinée, terre d'Ombre, terre de
Cassel et noir d'ivoire. Ces couleurs sont mises
dans des vases, et pour les conserver fraîches on
verse à leur surface de l'eau propre; sans cette
précaution elles sécheraient et on serait obligé de
recommencer leur broyage.

Pour faire les faux bois on se sert de pinceaux
spéciaux et qui ne sont employés que pour ce
travail. Ces pinceaux sont :

Blaireau.

Batte à chêne.

Spalter.

Veinette.

Petits pinceaux en plume.

Tout étant ainsi préparé (on aura soin d'étudier le plus que possible les bois naturels), on prend le petit pinceau en plume, et on le trempe légèrement dans de l'eau contenue dans un vase que l'on a à sa portée; puis, sur la terre de Sienne naturelle, on reproduit aussi fidèlement que possible sur l'objet les veines du morceau de bois que l'on a pour modèle, et pendant que ces veines sont encore mouillées, on blairotte, comme si l'on époussetait, vers la partie extérieure des veines, et alors la teinte (les couleurs servant à faire les faux bois s'appellent aussi teintes) se perd, et on aperçoit les veines l'une sur l'autre comme si on voyait la pousse du bois de chaque année. Pour les veines d'à côté, on prend un spalter de la grandeur proportionnée à l'objet, et après l'avoir trempé légèrement dans l'eau et ensuite dans la teinte (terre de Sienne), on passe les poils dans un démêloir (ou peigne); on voit alors les poils ramassés par petits groupes. Pour former les veines qui se trouvent à côté du collier, on passe avec le spalter, préparé comme je le disais à l'instant, et la teinte se lâche sans résistance. S'il y a des nœuds dans le bois, on les imite avec le petit pinceau en plume qui a été trempé dans la terre de Sienne calcinée, mais comme il se trouve un petit cercle noir autour des nœuds, on prend un autre petit pinceau trempé dans la terre de Cassel, et ou trace ce léger cercle en tremblottant pour qu'il ne paraisse pas raide.

Je ferai remarquer que toutes les veines, allant dans le même sens, partent du nœud. Il faut alors que ce bois de sapin, ainsi que les autres, reçoivent une couche de vernis copal pour fixer; les couleurs servant à faire les faux bois étant broyées à l'eau, n'auraient pas assez de consistance, puisque le moindre frottement d'une substance humide enlèverait tout, même à sec.

§ 2. *De l'Erable.*

Les deux premières couches peuvent être données avec la positive qui a servi pour le sapin, après quoi on ponce.

On prend un spalter qui est trempé dans l'eau, puis dans la terre d'ombre. On doit avoir, pour éclaircir la teinte, une assiette sur laquelle on essuie un peu le spalter, afin qu'il soit à peine humide de terre et d'eau; puis on donne une couche avec ce spalter préparé comme je viens de le dire, et pendant que la teinte est encore mouillée sur l'objet, on pose le spalter vers la partie supérieure en descendant vers celle inférieure, et en ayant soin de lever de temps en temps le pinceau sur lui-même, sans néanmoins le laisser quitter l'objet, afin qu'il s'y forme des arêtes devant former les taches qui se trouvent dans certaines parties de ce bois en travers; on blairotte alors dans le sens des taches, c'est-à-dire en travers, et sans perdre de temps, on humecte un peu le bout du doigt et on le pose dans les parties foncées du bois; il se forme alors un petit cercle blanc, au centre duquel se trouve un point assez foncé, qui doit former le nœud du bois, et comme dans ce bois il se trouve assez fréquemment de ces nœuds, on pose de nouveau le doigt dans la teinte encore mouillée sur l'objet autant de fois que l'on voudra obtenir des nœuds, toujours en consultant le bois naturel. On laisse alors sécher cette teinte, ce qui ne demande pas plus d'un quart-d'heure de temps. Lorsque cette teinte est sèche, on prend un petit pinceau que l'on trempe dans l'eau, la pointe seulement, puis légèrement dans la terre d'ombre, et on forme les veines du cœur aussi adroitement que possible, en partant toujours des nœuds, et on blairotte; les veines d'à côté se font aussi avec le spalter, mais sans être passé dans le peigne (à moins que ce ne soit dans un peigne très-fin), et on suit le cœur du bois dans toute sa longueur; on laisse sécher et on donne une couche de vernis copal pour fixer.

§ 3. *Du Chêne.*

La positive servant à donner le fond de ce bois doit être composée différemment que celle du sapin et de l'érable, le chêne étant plus foncé. On mêle un peu plus de jaune d'Allemagne et une légère pointe de noir de fumée pour communiquer une teinte un peu grisâtre, on applique deux couches comme pour le sapin et on ponce.

On mélange d'un autre côté, de la terre de Sienne naturelle et de la terre d'ombre, moitié de l'une et moitié de l'autre, et avec le spalter trempé dans l'eau et ensuite dans cette teinte, on donne une couche bien uniforme à l'objet, puis immédiatement, pendant que cette couche est encore mouillée, on tape avec la batte de bas en haut bien uniformément, et lorsqu'on est arrivé en haut, on essuie vivement la batte en tapant les poils contre un pied de table et l'on recommence à taper comme précédemment. On aperçoit alors parfaitement les pores du bois de chêne et on laisse sécher. Aussitôt que la teinte est sèche, et avec la même teinte qui a servi pour la première opération, on fait le cœur du bois avec le petit pinceau en plume, et les veines d'à côté avec le spalter, en le peignant préalablement.

On observe aussi dans certaines parties de ce bois, des taches blanches ou sombres, que l'on appelle en peinture enlevées ou miroirs. Comme il faut un certain temps de pratique pour faire ce travail à la main, je conseillerai de suivre le procédé que je vais décrire.

On donne préalablement deux couches d'une positive quelconque à une feuille de papier à dessin : d'un autre côté on se procure un morceau de chêne naturel sur lequel y a des miroirs ou enlevées; on les copie fidèlement sur cette feuille de papier avec un crayon, et on les découpe avec un canif; ce patron peut alors servir en cet état.

Si on veut avoir dans quelques parties du bois de ces enlevées, on pose ce patron sur les points où on veut les obtenir, et avec une éponge à peine

humectée d'eau on essuie partout où il y a des
jours; on enlève le patron et on aperçoit des enlevées bien propres si l'opération a été faite avec
soin. Si on veut, au contraire, avoir des miroirs
sombres, on prend le spalter trempé légèrement
dans la teinte qui a servi à faire le chêne, et au
lieu d'enlever la teinte, on la tape sur les jours;
on enlève ensuite le patron et on a des miroirs
sombres au lieu d'être clairs, après quoi on vernit
pour fixer.

§ 4. *Du Noyer.*

Dans la positive qui doit servir de fond, il doit
entrer au moins un tiers de jaune d'Allemagne et
deux tiers de blanc de céruse qu'on prépare
comme il a été dit à la page 129 pour la préparation des positives, après quoi on ponce.

On trempe un spalter dans la terre de Cassel et
on en donne une couche transparente à la surface.

Pour faire le cœur de ce bois, on se sert de vei-
nettes ou de plumes d'oies (ces dernières sont
préférables) : on trempe la barbe de la plume
dans du noir d'ivoire, en se rappelant que pour
commencer, on doit toujours avoir un morceau
de bois naturel sous les yeux pour modèle. On fait
alors les cœurs en promenant la barbe de la
plume à rebours. Les veines d'à côté se font avec
le spalter, en le trempant dans le noir si l'on veut
avoir à côté du cœur des veines foncées, puis on
lave à l'eau propre et l'on passe, afin d'enlever jusqu'à un certain point la teinte, pour former les
veines claires. On fixe avec du vernis copal, au-

quel on ajoute à peu près un dixième de vernis noir du Japon. Si l'on voulait imiter le noyer racine, ou le plaqué, qui ne peut se faire que par différentes opérations, on suivra les procédés ci-dessous.

Si on prend un morceau de beau bois de noyer ou du placage, on y remarque des veines ou taches claires et foncées en-dessous des veines supérieures; les veines claires s'obtiennent, comme je l'ai dit plus haut, en lavant ces points avec un spalter imbibé d'eau, et celles foncées en le trempant dans la terre de Cassel, mêlée elle-même à un peu de noir d'ivoire, et en formant des lignes inégales et transversales. On laisse sécher ce que l'on vient de faire, après quoi on lave un spalter proprement, et pendant qu'il est encore mouillé on le passe légèrement à la surface de l'objet, en ayant soin, toutefois, de ne pas repasser plusieurs fois sur la même place, parce que, par un frottement trop rude, on enlèverait ce que l'on avait fait en premier lieu. Cette surface humectée comme je viens de le dire, donne un grand avantage pour faire les veines supérieures, qui, sans cette précaution, n'offrirait que des veines saccadées et de grosses taches noires.

Pendant que la surface est encore humide, on prend une plume d'oie et on la trempe dans le noir d'ivoire. D'un autre côté, on a à sa portée une assiette en tôle ou en faïence, sur laquelle on gâche le surplus de ce qui s'est attaché à la plume, en rebroussant la barbe dans le sens contraire, de manière à ce qu'elle forme des dents comme un peigne, puis en la passant sur la surface humide, dans des conditions diverses, et par des mouvements saccadés, on parvient, au moyen de la plume d'oie, à faire de très-belles veines, puis à chaque opération on blairotte, afin que les veines paraissent moins raides. Pour fixer, on se sert du vernis dont j'ai donné la préparation ci-dessus.

§ 4. Du Palissandre.

On donne deux couches d'ocre rouge préparées en positive à l'objet à recouvrir, après quoi on ponce.

On trempe un spalter dans du noir d'ivoire, pas trop épais et pourtant pas trop clair, et l'on en peint la surface. Si l'on ne veut avoir que des veines droites, on prend la batte à chêne qu'on passe sur la surface, par mouvements plus ou moins saccadés, et on voit bientôt que la pression de la batte découvre, dans quelques places, le fond et entasse tout à côté le noir qui forme alors les veines du bois.

Si l'on voulait obtenir des bois où il y a des cœurs, on passerait une éponge dans la place où on voudrait produire ceux-ci. Cette éponge découvrirait le fond, et en cette place, sans perdre de temps, on imiterait les cœurs avec un petit pinceau en plume. Les veines d'à côté se font avec la batte à chêne, comme je l'ai dit plus haut pour les veines droites, et, après cette opération, on fixe avec du vernis copal auquel on a mélangé deux dixièmes de laque carminée, pour communiquer un ton transparent.

TROISIÈME PARTIE

DÉCORS, DÉCALQUAGE, ORNEMENTATION, DORURE ET FILETS.

———

ARTICLE I. — *Décalquage.*

—

§ 1. *Du décalquage d'anciennes épreuves.*

Toutes les épreuves imprimées sur papier et avec des couleurs lithographiques peuvent être décalquées, mais sur des fonds toutefois plus clairs que la couleur de l'épreuve. Si, par hasard, l'épreuve se trouve tirée en noir et que l'on opère sur un fond de même couleur, naturellement on ne verra pas la moindre des choses; les fonds qui conviennent le mieux sont : les fonds blancs, lilas, rose, bleu de ciel, vert clair, jaune, rouge, orange et un grand nombre de teintes et de demi-teintes.

Les dessins ou épreuves qui se trouvent dorés ou bronzés peuvent également être décalqués sur tous les fonds.

Pour décalquer une épreuve quelconque, on procède de la manière suivante :

L'objet sur lequel on veut décalquer doit avoir reçu deux couches d'une des couleurs que j'ai indiquées ci-dessus préparée en positive, après quoi on ponce.

L'objet ainsi préparé reçoit une couche de copal fin, et on le laisse exposé à l'air jusqu'à ce que ce vernis soit presque sec et ne colle plus que légèrement. En cet état, l'épreuve est posée sur l'objet dans les conditions voulues ; on mouille alors cette épreuve légèrement avec une éponge imbibée d'eau, afin qu'elle adhère bien sur l'objet, puis, avec la roulette, on roule sur l'épreuve en tous sens, jusqu'à ce qu'on ne voie plus de plis. On laisse l'objet en repos jusqu'à ce que le papier soit parfaitement sec, après quoi on l'humecte de nouveau et on frotte avec le bout des doigts sur le papier afin de l'enlever complétement. On aperçoit bientôt le dessin très-net, transporté, mais dans le sens inverse, sur l'objet. On lave à grande eau, parce que le papier forme sur l'objet de petites boulettes dont il faut l'en débarrasser ; sans cette précaution il se trouverait empli de petits grains et présenterait alors une surface défectueuse.

Lorsque l'objet a été soigneusement débarrassé du papier et lavé, on le porte à l'étuve pour le sécher, après quoi on donne une couche de copal, et, lorsque cette couche est bien sèche, on ponce. Ce ponçage est nécessaire, parce que, malgré toute la précaution possible, on ne peut entièrement débarrasser l'objet du papier qui formerait alors des grains. Enfin on donne une dernière couche de copal pour fixer et donner le lustre et le poli.

§ 2. *Décalquage, procédés* Dupuis, *applicable sur les métaux.*

Dans ce procédé, comme dans le précédent, on choisit le fond contraire à la couleur de l'épreuve, c'est-à-dire foncé sur clair.

Il est bien entendu que les épreuves, dans ce procédé, sont tirées en noir, coloriées ou dorées sur un papier préalablement préparé. Ces épreuves s'achètent dans tous les grands magasins de fournitures de bureau et s'appliquent de la manière suivante :

On ne peut employer ce procédé que sur des fonds clairs et même on ne peut pas sur tous, cela dépend de la composition du dessin ou du sujet; mais ce mode de décalquage n'est guère applicable que sur fond blanc. (Voyez page 129 pour la manière de produire le blanc.)

On prend un pinceau putois de la grandeur proportionnée au dessin, et au lieu de vernir l'objet comme dans le procédé précédent, on vernit l'épreuve sur toute sa surface avec du vernis anglais extra-superfin, et lorsque la couche est à moitié sèche, on applique l'épreuve sur l'objet et on la mouille avec une éponge, mais aussi légèrement que possible, puis, avec la roulette, on roule en tous sens afin que le dessin reste bien adhérent à l'objet. Lorsqu'on juge que le dessin a bien pris partout, on mouille abondamment le revers de l'épreuve, l'eau passe à travers le papier qui se détache facilement de l'objet et le dessin est transporté sur l'objet. On le met alors à l'é-

tuve pour sécher et on donne une couche de copal
pour fixer.

§ 3. *Décalquage d'impressions fraîches.*

Avec ce genre de décalquage on peut opérer
sur tous les fonds (voir la deuxième partie pour
la manière d'obtenir les différentes nuances.)

On choisit un fond quelconque que l'on ponce,
parce qu'on n'obtient qu'avec difficulté un décalquage net sur une surface lisse et brillante.

Les dessins doivent avoir été dessinés sur
pierre, et, pour la forme de l'objet à décalquer,
on tire les épreuves sur papier pelure. Pendant
que le dessin est encore frais on l'applique dans
les conditions voulues sur l'objet, on roule bien
uniformément sur sa surface, afin que le dessin
encore humide se détache du papier et s'attache
à l'objet ; on laisse alors sécher à l'air et à l'abri
de la poussière, afin qu'il ne colle plus que légèrement, ensuite on bronze ou on dore (voyez plus
loin les procédés de bronzage et de dorure) et on
porte l'objet à l'étuve pour sécher ; après quoi,
on fixe avec du vernis anglais fin à polir.

Naturellement, ce mode de décalquage ne peut
être mis en usage que dans les grands établissements, où on possède une presse lithographique
et un ouvrier lithographe intelligent et capable.

Article II. — *Décor, nacré.*

§ 1. *Décors à la main.*

Si l'on a un dessin pour modèle et que l'on

veuille sans dépenser beaucoup de temps, avoir une copie fidèle, on prend une feuille de papier mince que l'on huile; on la pose sur le dessin, et alors les traits apparaissent à travers (le papier après avoir été huilé sera séché avant de s'en servir), puis avec un crayon on suit exactement ces traits et après cette opération, on blanchit le revers de la feuille avec du blanc de Troyes ou de la craie pulvérisée très-fine, on l'applique sur l'objet et avec une pointe sèche ou une plume de porc-épic, on suit les traces du dessin qui se décalque à la surface et enfin on enlève la feuille de papier.

D'un autre côté, on prend un petit pinceau en plume très-fin destiné spécialement à cet usage, et de la mixtion à dorer; on trempe ce pinceau dans cette mixtion, et on suit de nouveau, mais cette fois avec le pinceau imbibé d'un corps gras, les traces qui ont été décalquées sur l'objet, après quoi on met celui-ci à l'abri de la poussière et à l'air, jusqu'à ce que le dessin ne colle plus que légèrement, on peut alors le dorer ou le bronzer.

En parlant de la dorure et de l'argenture à la mixtion, nous ferons connaître tous les détails pour l'entretien de celle-ci.

§ 2. *Du Nacré.*

Ce procédé n'est employé que pour les objets de prix, il doit être exécuté avec beaucoup de précaution, parce que c'est un travail très-délicat.

On ne peut guère se procurer de bien grandes feuilles de nacre, parce que dans le commerce elles sont déjà découpées, pour en faire des fleurs ou d'autres ornements, mais on en trouve chez les fabricants de vernis.

Si l'on préférait préparer et composer les bouquets soi-même, on demanderait de la nacre en feuilles.

D'un autre côté, on débarrasse des rouilles l'objet sur lequel on veut opérer, et on lui donne une couche assez épaisse de noir de fumée, préparé en positive; pendant que cette couche est encore mouillée, on applique le bouquet ou composition dans ce noir et on le laisse pendant quelques heures sécher à l'air, puis ensuite on le porte à l'étuve. Quand il est sec, on donne une autre couche de même noir à toute la surface, sans craindre d'en mettre sur la nacre et après un second séchage, on ponce l'objet, afin d'enlever les grains produits par la poussière. On aura soin de poncer plus fort sur la nacre, afin d'enlever complétement le noir et de la mettre à nu. On donne ensuite deux couches de vernis noir du Japon, sans craindre encore d'en mettre sur la nacre, et enfin une couche de copal. On ponce de nouveau comme je l'ai dit, en ayant soin à chaque ponçage de mettre la nacre à nu, après ces opérations, l'objet est prêt à être décoré et peint. (Voir 4me partie pour la manière d'orner un objet.)

On est obligé d'appliquer la nacre dans la couche de peinture encore mouillée, pour éviter les hauteurs qui se produiraient sans cette précaution.

§ 3.   *Imitation du Nacré.*

Il y a un genre de peinture de fleurs sur or et argent que l'on appelle imitation du nacré. Voici comment on opère pour produire cette imitation : Lorsqu'on a fait sur un bout de papier la composition du bouquet dont on veut décorer l'objet, on suit avec un morceau de craie appointi du bout tous les traits que l'on avait préalablement tracés au crayon, puis on applique le côté dessiné de la feuille sur la surface de l'objet, et avec le plat de la main on frotte sur le revers de la feuille ; le dessin reste sur l'objet ; on époussète ensuite légèrement avec un plumeau, afin de ne pas effacer les lignes du dessin. On prend alors un petit pinceau, trempé dans du vernis copal n° 1, auquel on a ajouté un quart d'essence de térébenthine et on suit de nouveau les traits, mais en plein sans ménager les jours, et après un quart-d'heure ou vingt minutes, on peut dorer ou argenter avec de l'or ou de l'argent en feuilles ; avec un morceau de coton on frotte légèrement, afin qu'il ne reste de l'or que sur les parties qui ont été couchées.

Je ferai remarquer que l'on ne doit pas dorer les fleurs qui sont destinées à devenir bleues ; elles doivent être argentées, parce que l'or étant jaune si l'on couvrait sa surface d'une négative bleu d'outremer ou bleu de Prusse, on aura une fleur verte et non bleue ; au contraire, pour le rouge, le jaune et le vert, on devra dorer de préférence.

ARTICLE III. — *Du doré et de la dorure
anglaise.*

§ 1.   *Du doré à la mixtion.*

La mixtion est composée d'huile de lin, à laquelle on a mêlé de la litharge en poudre, qu'on
a fait bouillir pendant au moins cinq ou six heures
sur un feu modéré ; lorsqu'elle est cuite, on enlève
cette huile du feu et on la laisse refroidir, après
quoi elle est bonne pour s'en servir.

Opération. — Lorsqu'on veut dorer, on délaie
de cette mixtion avec de l'essence de térébenthine
pour la rendre bien liquide, et on en couvre la
surface en partie ou en entier. On laisse reposer
l'objet à l'air du jour au lendemain, puis on peut
dorer soit avec de l'or véritable en feuilles ou de
l'or faux rebattu et aussi bronzer.

J'entrerai dans de plus amples détails sur les
manipulations dans une autre partie de ce manuel
où ce mode de dorure est mis en usage.

§ 2.   *De la dorure brillante, imitation anglaise.*

Ce mode de dorure est employé avec beaucoup
de succès dans la peinture sur métaux, d'abord
parce qu'il a pour effet de conserver la beauté et
le brillant de l'or et à raison de la facilité du séchage.

Opération. — On met dans 1 litre d'eau fraîche
50 grammes de gélatine ou colle de poisson, on
la laisse reposer, puis après on la filtre à travers
un morceau de soie fine, on y ajoute plus tard

quelques gouttes d'esprit-de-vin, parce que toutes les colles en général ont le défaut d'avoir de l'odeur et ne sont plus alors aussi propres au service qu'on doit en attendre, puis comme dans le précédent article, on couche soit en partie, soit en entier la surface à dorer.

Il ne faut pas se contenter de ce que je viens de dire ci-dessus, il y a encore d'autres opérations à faire, parce qu'en cet état l'or n'a pas grande adhérence; je les décrirai largement dans chaque chapitre à mesure que j'arriverai à parler de chacune d'elles.

ARTICLE IV. — *Des filets.*

Les filets font aussi partie de l'ornementation, on les fait à la couleur dorés ou argentés; ils ne peuvent être appliqués avec quelque soin que sur une surface qui a reçu déjà quelques préparations, c'est-à-dire au moins deux couches de positive et avoir été poncée.

§ 1. *Des filets au moyen des positives.*

Je ferai remarquer que les positives, qui doivent servir à faire les filets, doivent être parfaitement broyées.

On peut se servir de toutes les positives pour faire les filets et les prendre en état de conservation; mais lorsqu'on voudra s'en servir, on devra y mêler un peu d'essence de térébenthine et les délayer au moyen de la spatule.

D'un autre côté, on aura de petits pinceaux de différentes épaisseurs, appelés trainards, dont

les poils peuvent avoir 4 à 5 centimètres de longueur et une épaisseur relative à la grosseur des
filets que l'on veut faire. Si on n'avait que des
gros traînards et que l'on veuille au moyen de
ces gros pinceaux faire de petits filets, on en di-
minuerait l'épaisseur en les coupant tout autour
au moyen d'un canif jusqu'à ce qu'on juge qu'ils
ne soient plus trop gros.

Tout étant ainsi préparé, on met l'une des positives préparée comme je le disais à l'instant, sur
un morceau de verre, puis le traînard est trempé
dans la dite couleur jusqu'au tiers environ de la
longueur des poils, afin qu'il soit imprégné bien
uniformément, on n'a plus ensuite qu'à poser le
pinceau par la pointe sur l'objet en le laissant se
coucher insensiblement en arrivant vers la fin du
filet. Lorsque la couleur contenue dans les poils
du pinceau est épuisée, on le trempe de nouveau
dans cette couleur jusqu'à ce que le filet soit terminé. On aura soin toutefois de laver de temps
en temps le pinceau dans l'essence de térébenthine et d'en ajouter aussi une petite quantité
à la couleur, afin de la maintenir bien fluide,
je dis bien fluide, seulement il ne faut pas qu'elle
soit trop liquide ni trop épaisse, on doit savoir
trouver un juste milieu. Si, lorsqu'on veut suivre
un filet, on n'est pas bien sûr de le faire réguliè-
rement, on aura soin de tracer l'objet avec un
compas, ou avec une règle et un crayon; tous ces
petits inconvénients ne se rencontrent seulement
que lorsqu'on travaille pendant quelque temps.
On fixe ensuite avec du vernis copal. J'indiquerai
plus loin l'utilité du filet.

§ 2.   *Des filets dorés.*

Les filets dorés ne diffèrent en rien de ceux faits avec les positives, seulement au lieu d'être faits aux positives, ils sont faits avec un mordant appelé mixtion dont je donnerai la préparation plus loin.

On retire une partie de cette mixtion du vase dans lequel on l'avait déposée, puis on la rend applicable en y ajoutant de l'essence de térébenthine.

Les filets étant faits avec cette mixtion doivent être abandonnés au repos jusqu'au lendemain, après quoi on peut les bronzer, dorer ou argenter.

ARTICLE V. — *Du bronzage des ornements.*

Lorsque l'objet a reçu son décor à la mixtion, on prend, mais lorsqu'elle ne colle plus que légèrement, un morceau de coton fin, on le trempe dans du bronze jaune, blanc ou rouge (cela dépend de la couleur que l'on veut donner au décor), et on passe sur les parties enduites de mixtion, puis on laisse reposer à l'air pendant quelques heures, après quoi, on lave avec une éponge et de l'eau pour enlever le bronze, qui reste légèrement adhérent à l'objet à côté du dessin.

ARTICLE VI. — *Dorure et argenture à la mixtion.*

Lorsque le décor ne colle plus que légèrement, on prend un coussin de doreur, sur lequel on étend aussi adroitement que possible les feuilles d'or, avec un couteau destiné à cet usage; on coupe ces feuilles d'or selon la composition du dessin (dans l'intention d'épargner l'or), puis avec un pinceau de fouine long, large et mince, on prend l'un après l'autre les morceaux d'or découpés, en ayant soin de passer, toutes les fois que l'on voudra enlever une feuille nouvelle, le pinceau, sur le front qui se trouve toujours un peu gras par la transpiration, ce qui facilite l'enlèvement de l'or sur le coussin, pour l'appliquer sur les diverses parties du décor.

Lorsque tout le décor est recouvert d'or, on frappe légèrement à la surface avec un morceau de coton fin, afin que l'or s'adhère bien uniformément, et lorsqu'on juge qu'il est bien pris, on fait circuler légèrement ce même morceau de coton pour enlever l'or de dessus les parties non enduites de mixtion, après quoi on époussète avec un plumeau; on met sécher à l'étuve et ensuite on peut fixer avec du vernis copal fin à polir.

Il en est de même pour l'argenture.

Article VII. — *Dorure et argenture de l'intérieur des objets.*

M. Elsner a trouvé un moyen de dorer le dedans des objets sans avoir besoin de garantir leur surface extérieure avec un enduit résineux. C'est là un très-grand avantage pour beaucoup d'objets; la manipulation devient plus facile, et l'on ne court plus le risque de tacher les objets. Je vais rappeler les termes mêmes dans lesquels il rend compte de ce procédé.

« Je prends, dit-il, un morceau de vessie, j'en forme un sac dans lequel je suspends un morceau de zinc soudé à un fil de platine, de maillechort ou de cuivre, assez long pour former plusieurs tours sur la surface extérieure de l'objet dont on veut dorer l'intérieur. Je mets dans ce sac une solution concentrée de sel marin. qui doit recouvrir le zinc de quelques millimètres. Après avoir versé le liquide aurifère dans le vase, je suspends le diaphragme en vessie dans ce liquide, ayant soin qu'il soit distant de quelques millimètres des parois du vase. J'enroule alors le fil métallique qui sort du diaphragme et je forme plusieurs révolutions sur le bord extérieur du vase. Toutes ces dispositons faites et après quelques minutes d'immersion du diaphragme dans le vase, on le lave bien avec de l'eau froide. Dès la première immersion, il se forme une couche d'or, et l'on n'aura qu'à la polir soigneusement avec la pâte de crème de tartre pour lui faire prendre une belle couleur jaune foncée. En répétant à différentes reprises l'immersion du diaphragme dans la solution d'or, on arrive à dorer l'intérieur du vase sans avoir besoin de recourir à aucun appareil; on termine en polissant la dorure, et on obtient le même degré de poli et la même couleur qu'avec la dorure au mercure. Si on laissait trop longtemps le diaphragme dans le bain d'or, la dorure présenterait un aspect d'un jaune-brun sale, mais on fait revenir la couleur jaune d'or pur, en polissant immédiatement avec la crème de tartre. »

§ 1. *Composition du bain d'or (procédé* ELSNER).

Le bain d'or de M. Elsner se compose comme suit :

On prend 1 partie en poids de chlorure d'or, 10 parties de cyanoferrure jaune de potassium, 100 parties d'eau et 4 à 5 parties de carbonate de soude cristallisé.

On dissout le chlorure d'or d'une part, et de l'autre le carbonate de soude dans un peu d'eau ; l'on verse ensuite peu à peu quelques gouttes de la solution de carbonate de soude dans celle de chlorure d'or en agitant avec une baguette de verre, jusqu'à cessation de toute odeur d'acide chlorhydrique, et jusqu'à ce que le liquide ramène au bleu le papier de tournesol rougi par un acide.

On dissout d'un autre côté le cyanure jaune avec le reste de l'eau, dans une éprouvette, un flacon de verre ou dans un vase de porcelaine, à la chaleur d'un feu direct très-modéré, et l'on verse cette solution dans la première. Il se forme un mélange trouble d'un vert sale, que l'on fait chauffer jusqu'au point de l'ébullition, en y ajoutant peu à peu la portion de carbonate de soude dissous qui n'a pas été employée. La liqueur s'éclaircit en déposant un précipité rouge insoluble, et elle devient d'une belle couleur jaune d'or pur. Alors on retire du feu l'éprouvette ou le vase de porcelaine, et l'on verse le liquide dans un vase de verre profond et étroit, afin que la substance insoluble se dépose au fond, et que la liqueur claire qui surnage puisse être décantée sans se troubler. On pourra filtrer au papier ce qui restera de trouble, et mélanger ensuite, ce qui s'écoulera avec l'autre solution.

§ 2. *Composition du bain d'argent.*

Le liquide servant à argenter se prépare en faisant dissoudre 30 grammes de nitrate d'argent cristallisé dans 1,000 grammes d'eau distillée ou de pluie; on ajoute à cette solution une dissolution de cyanure de potassium, jusqu'à ce qu'un dépôt de cyanure d'argent, qui se forme au commencement, soit complétement redissous, et que la liqueur présente une limpidité parfaite. On peut faciliter la redissolution de ce précipité en agitant la liqueur avec un tube de verre. Ordinairement, M. Elsner ajoute à ce composé, avant de s'en servir, une solution aqueuse de carbonate de soude cristallisé, en quantité suffisante pour lui communiquer une réaction alcaline très-marquée, de manière à ce qu'il fasse passer au bleu le papier de tournesol rougi par un acide. Il arrive quelquefois que le précipité ne se dissout pas complétement et que la liqueur ne reprend pas sa limpidité, surtout lorsqu'on a ajouté un excès de cyanure de potassium. On ne doit donc employer que 2 à 3 parties de cyanure pour 1 partie de nitrate d'argent. Dans tous les cas, si en ajoutant le cyanure, le précipité ne se dissolvait pas, on filtrerait la liqueur et l'on n'emploierait à l'argenture que la partie claire.

Le résidu insoluble qui reste sur le filtre et qui

se compose ordinairement de cyanure et de carbonate d'argent, peut être réduit en argent métallique par l'incinération; il faut donc le recueillir avec soin. Le cyanate et le carbonate
d'argent sont tous deux insolubles dans le cyanure
de potassium, même en excès, et voilà pourquoi la
liqueur ne reprend pas toujours sa transparence.

QUATRIÈME PARTIE

MANIPULATIONS GÉNÉRALES, FINISSAGE.

Je crois avoir décrit à peu près tous les procédés employés en peinture sur métaux, mais cette description ne me paraissant pas suffisante pour un exécutant inexpérimenté, j'ai trouvé utile de reprendre chaque objet séparément et par ordre alphabétique, afin d'en rendre les manipulations faciles et de donner les genres de peinture et de couleur qui leur conviennent, puis enfin, d'entrer dans des détails sur le finissage que je n'ai pas encore décrit.

ARTICLE I. — *Arrosoir d'appartement.*

L'arrosoir d'appartement n'est par un objet sur lequel on fasse des peintures bien délicates. Les couleurs que l'on donne à cet objet le plus communément sont : le vert, le rouge et le bleu.

Opération. — Lorsque l'objet a été bien déroché et poncé, on consultera les pages 126 à 129, où se trouvent décrits les procédés pour obtenir les couleurs vives. Après chaque couche l'objet doit être porté à l'étuve, et ce n'est que lorsqu'il est entièrement achevé que l'on peint l'intérieur en lui donnant deux couches de minium ou vermillon préparé en positive. Lorsque ces deux couches sont sèches, on peut faire un filet sur le bord soit jaune, lorsque le fond est vert ou rouge, soit rouge ou jaune lorsque le fond est bleu.

J'ai décrit plus haut, à la fin de la troisième partie, la préparation des positives pour filets et la manière d'obtenir les filets dorés.

On peut aussi moirer, jasper ou décorer l'arrosoir, en suivant les procédés déjà décrits.

Lorsqu'on ne fait des filets que sur les bords des objets, il n'est pas nécessaire de donner une couche de copal à la surface.

ARTICLE II. — *Broc.*

Le broc est un objet conique ou bombé, que l'on sert dans toutes les brasseries où l'on débite la bière en chopes.

Le broc se faisait anciennement en bois et était naturellement très-massif et très-lourd ; celui en fer-blanc ou en tôle est donc bien préférable, car il est infiniment plus léger. Cet objet se fait ordinairement en imitation sapin ou chêne.

Opération. — On donne deux couches de positive dont on a fait connaître la préparation en parlant de la manière de faire le sapin ou le chêne. On trace alors au crayon des lignes verticales du haut en bas du broc pour imiter les douves, puis on fait le bois ; après quoi on laisse sécher, ce qui demande un quart-d'heure, et pour économiser une couche de copal, on pourra faire des filets en haut et en bas, sur le faux bois, en ayant soin de ne pas l'effacer, car il est fait avec des couleurs à l'eau. Lorsque les filets seront secs, on donnera une couche de positive noir au fond, puis ensuite une couche de copal à toute la surface.

Cet objet se décore sur différents tons.

ARTICLE III. — *Bain de pied.*

Le bain de pied se fait de forme ronde ou ovale et se peint à l'intérieur, ce qui ne se fait pas pour les brocs.

Je ferai remarquer que les objets en tôle ou en fer-blanc dans lesquels on met des boissons ne doivent pas être peints à l'intérieur, parce que les boissons prendraient une saveur peu agréable au bout d'un certain temps; il est donc préférable que l'intérieur soit étamé.

Le bain de pied est un objet qui se faisait aussi en bois, mais il est remplacé avec succès par ceux en fer-blanc; cet objet se peint de couleur chêne, sapin ou érable, et les manipulations sont les mêmes que pour le broc, seulement lorsqu'on donne la première couche de positive on applique aussi une couche de même couleur à l'intérieur, c'est-à-dire de blanc, et c'est seulement lorsque l'objet a reçu la couche de copal que l'on donne les deux dernières couches de blanc fin (c'est-à-dire blanc pour intérieur).

Quant à ce qui dépend des filets, voyez les procédés déjà décrits pour le broc.

Le bain de pied peut être jaspé, moiré, trempé, granité, décoré ou orné dans n'importe quel genre. On peut consulter à ce sujet les 2e et 3e parties où il est traité des objets soignés.

ARTICLE IV. — *Boîte à toilette, Boîte à cigares, Nécessaire pour dames, Cassettes, etc.*

Ces objets sont des articles de luxe, qui se peignent magnifiquement, et sur lesquels tous les procédés de la 1re, 2e et 3e parties peuvent être employés, c'est-à-dire faux-bois, trempage, moiré, malachite, couleurs naturelles vives, nacré, ornementation, dorure et argenture.

A ce sujet, je vais entrer dans des détails étendus, pour que les opérations réussissent infailliblement. Je prendrai l'un des objets indiqués ci-dessus, qui se trouvent tous à peu près de la même catégorie, et j'indiquerai toutes les opérations, pour l'un d'eux, qui serviront d'exemple pour tous.

Les objets ci-dessus se fabriquant généralement en fer-blanc, doivent par conséquent subir un ponçage, dont on trouvera les procédés dans l'appendice.

§ 1. *Du décor avec paysage.*

Ces objets se peignent ordinairement en noir ou en bois foncés tels que palissandre et noyer foncé.

Opération. — Lorsque l'objet a subi un ponçage, on lui donne l'une des couleurs ci-dessus, par les procédés qui ont été décrits dans la première partie, puis on le ponce par voie humide (voir à l'appendice), après quoi on peut le décorer au moyen du décalquage à la presse ou par le moyen du décalquage d'anciennes épreuves,

mais, dans ce cas, les épreuves devront être bronzées, argentées ou dorées sur le papier, parce
qu'une épreuve en noir ne serait nullement visible, pas même une autre teinte claire. Après cette
opération on porte l'objet à l'étuve pour sécher;
puis on donne une couche de copal et on ponce
par voie humide. On applique ensuite une couche
de positive blanc à l'intérieur; lorsque cette couche est bien sèche on retire l'objet, et si on a
ménagé une place au centre du dessin qui sert de
décor pour y faire un paysage, on remplit cette
place de blanc au moyen d'un petit pinceau, et
on porte l'objet de nouveau à l'étuve. Après le
séchage on ponce légèrement le blanc du centre
en ayant soin, toutefois, de ne pas toucher au
décor; on peint ensuite le paysage.

Remarque. — Pour peindre les paysages comme
pour toute autre peinture artistique, il faut avoir
fait quelques études sérieuses à ce sujet, je ne
puis donc parler ici que de la peinture par rou-
tine ou procédés que chacun peut exécuter sans
grande connaissance. La peinture délicate ou par
excellence, comme l'appellent beaucoup de mes
confrères, ne peut se faire qu'après bien des années d'étude, et certes tout dépend aussi de l'intelligence de l'opérateur. Bien des personnes qui
ont étudié leur vie entière ne sont cependant
parvenues que peu avant dans la voie artistique,
c'est pourquoi je n'entreprendrai pas de traiter à
ce sujet, et je m'occuperai plus tôt des choses qui
sont d'une grande utilité pour l'ouvrier.

Lorsque le paysage est sec, on donne une nou-

velle couche de copal et on ponce, on applique
ensuite deux couches de blanc dit pour intérieur,
auquel on a joint soit un peu de bleu de Prusse
pour lui donner un ton bleuâtre, soit de laque
verte pour lui donner un ton verdâtre ou du carmin pour avoir un léger rose; quand ces deux
couches sont sèches, on donne une dernière couche de copal, et après le séchage on polit cette
dernière couche.

On peut voir à l'appendice les vernis convenables pour les objets que l'on veut polir et les
procédés employés pour le polissage.

§ 2. *Des fleurs.*

Les opérations et procédés sont les mêmes pour
faire des fleurs que pour les paysages ou autres
sujets artistiques, seulement au lieu de tracer un
paysage, on le remplace par un bouquet de fleurs;
je vais à ce propos décrire quelques procédés faciles à exécuter et que chacun peut faire avec un
peu d'intelligence.

Il faut chercher le plus possible à composer le
bouquet avec des fleurs très-simples, par exemple
des fleurs peu compliquées : telles que myosotis,
marguerite, pensée, violette, muguet et autres, etc.

Opération. — Le bouquet étant composé et tracé
au crayon sur une feuille de papier, les contours
des feuilles seulement, on prend un morceau de
craie blanche que l'on appointe au moyen d'un
couteau, puis on suit exactement les traits du
crayon avec cette craie, en ayant soin de faire des
tracés aussi fins que possible; ce dessin peut alors

servir plusieurs fois de suite sans recommencer à repasser de la craie. On pose alors le dessin bien au centre de l'objet, le côté dessiné sur l'objet, ou dans d'autres conditions bien à la place où l'on veut l'imprimer, après quoi on passe légèrement le plat de la main, puis au fur et à mesure que le blanc sur le papier devient faible, on frotte plus fort, parce qu'au bout d'une certaine quantité d'épreuves, il ne reste plus assez de craie pour donner seulement les moindres traces. D'un autre côté, on a des petits godets en tôle, munis d'un couvercle pour mettre les couleurs préparées en positives.

Nous avons dit plus haut que pour commencer, nous prendrions les fleurs les plus simples et les plus faciles à faire, nous allons donc choisir de petites fleurs pour nous initier dans ce travail.

Supposons notre bouquet composé de myosotis avec quelques-unes de ses feuilles, on prépare alors du blanc en positive, auquel on a ajouté un peu de bleu d'outremer, pour lui communiquer un léger bleu de ciel, puis on emplit les traces de craie ; les feuilles et les tiges se font avec du vert milori ; on laisse alors sécher à l'air jusqu'à ce que la couleur colle encore légèrement en posant le doigt dessus, puis on a du bleu d'outremer en poudre et un petit pinceau en plume bien sec, on le trempe dans le bleu et on commence à frotter le côté de l'ombre de la fleur insensiblement, en ayant soin de ne pas gâcher toute la surface de la fleur, et laisser, avec intention, le côté du jour intact ; enfin, on porte à l'étuve pour sécher.

D'un autre côté, on a encore de petits tubes en plomb contenant les couleurs décrites dans les premières pages, on met une petite quantité des couleurs nécessaires pour l'achèvement du bouquet sur une palette en bois, en porcelaine ou en verre.

Les couleurs nécessaires pour le petit bouquet en question sont : le blanc de céruse, le jaune de chrome, le vert Véronèse, le bleu de Prusse et le bitume.

On prend alors un petit pinceau en plume, on mélange un tout petit peu de bleu d'outremer à du blanc ci-dessus pour que cela fasse un bleu un peu plus clair que celui du fond de la fleur, puis on pose les jours sur le côté éclairé du myosotis ou toute autre fleur. Il faut toujours un jour et une ombre, plus la couleur intermédiaire qui est le fond. Au centre des myosotis se trouvent de petits points que l'on fait avec du jaune de chrome; d'un autre côté, on mélange un peu de bleu de Prusse à du bitume pour faire le côté ombré des feuilles et on pose enfin un jour très-vif sur la verdure, en mélangeant du jaune de chrome à du vert Véronèse. L'objet est alors porté à l'étuve et après le séchage, on le ponce par voie humide. On peut alors appliquer quelques sujets dorés, argentés ou bronzés dans les angles par les procédés que j'ai décrits dans la troisième partie, après quoi on donne une dernière couche de copal à polir, et après le séchage on polit.

Tout ce que je viens de dire peut également être mis en usage pour des fleurs plus compli-

quées, seulement il faudra toujours avoir soin de
bien se rendre compte du fond de la fleur, et que
les jours et les ombres n'entrent pas dans l'ébau-
che, ce n'est que lorsque les fleurs sont ébauchées
de la couleur naturelle que l'on fait ces jours et
ces ombres.

Les ombres se font toujours aux couleurs sèches
et les jours aux couleurs préparées au vernis, et
ce n'est que lorsqu'on aura fait maintes fois cette
même fleur que l'on s'engagera à en entreprendre
de plus difficiles.

On peut aussi nacrer ces pièces en suivant les
procédés décrits plus haut, mais je vais également
donner quelques détails plus clairs.

Opération. — Il faut avant de nacrer faire la
composition du dessin ou décor que l'on veut
avoir sur l'objet en ménageant de petites ouvertures pour placer la nacre.

Lorsqu'on veut avoir des bouquets ou tout autre
décor, on suivra les procédés décrits dans la troisième partie, mais lorsque la nacre n'est mise que
comme broderie, c'est-à-dire quand on ne fait pas
de peinture dessus, on donne une couche de copal
à l'objet décoré ou orné et pendant que le vernis
est encore frais, on place les paillettes dans les
ouvertures ménagées et on laisse sécher à l'air
libre pendant un jour; après quoi on peut mettre
à l'étuve pour sécher complétement, puis poncer
toute la surface et alors encore orner les côtés de
filets. On peut aussi appliquer les filets pendant
que l'on est en train de faire les ornements, et
on donne une dernière couche de copal, après
quoi on polit.

ARTICLE V. — *Boîte à thé.*

La boîte à thé étant un objet dans lequel il entre des produits étrangers, les peintures se font en rapport avec les modes et les ameublements, mais généralement sur la boîte à thé, on fait de la chinoiserie ; j'en présenterai ci-dessous un modèle et la manière d'opérer.

On donne généralement pour fond aux objets destinés à recevoir, pour décor, de la chinoiserie, des fonds noirs et palissandres.

On se reportera aux pages 126 ou 149 de la deuxième partie pour faire les fonds, puis on poncera, après quoi on tracera la composition de chinoiserie sur l'objet et on remplira les contours aussi légèrement que possible de mixtion (j'ai déjà décrit la manière de régler la mixtion), on laissera à l'air jusqu'à ce que le mordant soit presque sec, puis on dorera. On aura soin de faire les filets en même temps que les autres ornements (et j'ai donné les manières de dorer et décrit les objets nécessaires pour cette opération). On met ensuite sécher à l'étuve, et après le séchage, on peut imiter les ombres avec une plume d'oie taillée très-fine, trempée dans de l'encre, encre de Chine ou sépia, on peut même les faire au pinceau et avec du noir ou bitume préparé au vernis.

Après cette opération, on fait sécher, puis on donne une dernière couche de copal pour polir.

On peut aussi faire sur cet objet des fleurs, des paysages et nacrer ou tout autre décor décrit dans cet ouvrage.

ARTICLE VI. — *Boîte à café.*

La boîte à café se peint ordinairement en jaspé, chiqueté, moiré ou est décorée par les procédés de décalquage décrits dans la troisième partie.

Le fond de l'objet se fait en noir, lorsqu'on donne la dernière couche de copal.

La boîte à café ne se peint pas à l'intérieur.

ARTICLE VII. — *Cuvette ou lavabo.*

Cet objet, de forme ronde ou ovale, droite ou évasée, se fabrique beaucoup en porcelaine, mais on l'imite aussi en tôle ou en fer blanc.

La cuvette se peint généralement en blanc, rouge, vert, bleu, brun ou jaune à l'extérieur, mais toujours blanc à l'intérieur.

Lorsqu'on voudra peindre en blanc des objets qui sont destinés à un usage journalier, on préparera le blanc de la manière suivante.

On broyera du blanc d'argent à l'essence de térébenthine, puis au lieu de l'éclaircir avec du vernis blanc, dit pour intérieur, on prendra du vernis Cobourg extra-fin et on le laissera reposer pendant trois ou quatre jours, c'est-à-dire que l'on devra toujours avoir du blanc préparé d'avance, mais on doit y ajouter une légère pointe de bleu de Prusse pour l'empêcher de prendre cette teinte jaunâtre qu'affecte le blanc préparé au vernis gras; puis on en donnera trois couches à l'objet à l'intérieur et à l'extérieur, en ayant soin de faire sécher après chaque couche; après quoi on peut tirer un filet doré sur le bord, et aussi orner l'extérieur de la cuvette de décors dorés pour imiter la porcelaine.

La cuvette se décore aussi sur des fonds jaune, rouge, bleu, vert et brun, mais l'intérieur se fait toujours en blanc.

Article VIII. — *Cruche à eau.*

La cruche à eau est un objet dépendant de la cuvette, elle se peint par conséquent dans les mêmes conditions et subit les mêmes opérations.

Article IX. — *Cruche marseillaise.*

Cette cruche, d'une forme évasée, se faisait communément en grès, mais à raison de sa fragilité, elle a été remplacée par celle en tôle étamée ou vernie.

Cet objet se peint ordinairement en chêne ou en sapin avec des filets que l'on fait à la terre de Sienne brûlée ou d'un ton bleuâtre ou lilas avec des filets ou bleu d'outremer pur. Cette cruche servant à contenir des boissons, elle ne se peint pas à l'intérieur, à cause du goût que prendrait l'eau, la bière ou le vin au bout d'un certain temps.

La cruche marseillaise se décore aussi sur les fonds : palissandre, noyer, rouge, jaune, brun, vert, bleu et noir et même sur les fonds blancs si l'on veut imiter la porcelaine, mais on ne l'orne pas de marqueterie, ni de nacre, parce que c'est un objet d'un usage journalier et qui a beaucoup de fatigue.

ARTICLE X. — *Crachoir carré.*

Le crachoir se faisait autrefois en bois, mais il manquait alors d'élégance; d'abord, il était très-massif, puis il coûtait trop cher si l'on voulait lui donner de la légèreté et de l'élégance.

Ce crachoir est carré et légèrement évasé, on le décore en chêne, sapin, érable, noyer, palissandre, moiré, chiqueté, jaspé, granit ou décoré. On le peint à l'intérieur et à l'extérieur de la même couleur, le fond et les quatre petits pieds en fonte de fer se font en noir.

Tout le décor ne doit être fait qu'à l'extérieur, car l'intérieur étant rempli de sciure, le travail serait alors invisible et inutile.

ARTICLE XI. — *Crachoir évasé.*

Ce crachoir se peint absolument de la même manière que le précédent, seulement il se décore à l'intérieur au lieu de l'extérieur, parce qu'il est d'une forme bien plus évasée; quant aux opérations elles sont les mêmes que pour le précédent.

ARTICLE XII. — *Cuit œufs.*

Le cuit œufs est un objet d'une forme ovale ou ronde, muni de deux anses, de deux couvercles s'ouvrant par le milieu et d'une grille en fer-blanc, percée d'ouvertures de la grosseur relative aux œufs connus, munie elle-même d'une tige pour la retirer.

Cet objet se peint à l'intérieur seulement soit

jaspé, trempé, chiqueté ou en faux bois, il peut être orné par n'importe quel procédé ci-inclus.

Article XIII. — *Fontaine ou lave-mains.*

Cet objet est ordinairement de forme ovale ou à facettes.

La fontaine se loge à la cuisine et souvent dans le vestibule ; elle est par conséquent susceptible d'être décorée ou simplement peinte pour la garantir contre l'oxydation, car c'est un objet qui reçoit continuellement du savon mêlé à l'eau, principalement la cuvette. Or, on sait que le savon a la propriété d'enlever la peinture même la plus solide, puisqu'il entre de la potasse dans sa préparation.

Je vais donc donner des détails sur la peinture de la fontaine, qui exige des soins par le motif que je viens d'indiquer. On suivra alors exactement les procédés suivants :

La fontaine doit être soigneusement dérochée et poncée par voie sèche. Aussitôt après cette opération elle est recouverte à l'intérieur et à l'extérieur d'une couche de la préparation suivante :

On broyera du blanc de céruse ou du blanc de zinc à l'huile de lin pure, très-épais, et pour l'éclaircir on prendra du bon vernis au copal gras à teinte nº 1, et on en donnera une couche à l'objet. On laisse sécher à l'étuve au moins pendant vingt-quatre heures et après cette couche on ponce pour enlever les grains qui se trouvent à la surface qui sans cette opération reparaitraient après le ponçage des autres couches.

La fontaine qui est un objet, ainsi que je le disais plus haut, qui se place entre la cuisine et le salon, peut alors être peinte en jaune, ou toute autre couleur relative comme la cuisine elle-même ou décorée comme le salon. Le fait est que la fontaine est maintenant à l'abri de l'oxydation pour un certain temps. Nous ne parlerons donc plus que du finissage.

§ 1. *De la Fontaine peinte en sapin.*

On suivra exactement les procédés que j'ai donnés plus haut en parlant des faux-bois, et si l'on veut imiter des panneaux au moyen des filets, on les fera avec de la terre de Sienne brûlée et avant de donner la couche de copal pour fixer, si l'on veut économiser une couche de copal. On donnera ensuite trois couches de blanc préparé au vernis Cobourg, au lieu d'être préparé au vernis blanc, dit pour intérieur.

La fontaine se peint aussi en chêne, noyer, érable ou palissandre.

Si la fontaine doit être posée dans un salon, on peut la décorer sur différents fonds, sur teinte et demi-teinte, c'est-à-dire sur des fonds bleu de ciel, violet lilas, vert clair ou rose; on opèrera en ce cas de la manière suivante.

§ 2. *Fond lilas.*

Pour obtenir ce fond, on prend du blanc de céruse en état de conservation, et on y ajoute du bleu d'outremer, qui, lui-même a été broyé préalablement, jusqu'à lui communiquer un bleu de ciel; puis on y ajoute un peu de carmin et on obtient alors un lilas plus ou moins foncé.

On donne deux couches et on ponce, après quoi on peut décorer par les procédés de décalquage déjà décrits; on décore ensuite avec des filets s'il en est besoin, puis on fixe avec du vernis au copal à polir.

Tous les autres procédés dont nous avons déjà parlé sont également applicables sur la fontaine.

ARTICLE XIV. — *Plateau de limonadier.*

Le fond de cet objet se fait ordinairement en noir ou en palissandre, on le décore simplement avec des ornements dorés ou bronzés, ou on l'orne avec des paysages ou des fleurs nacrés ou imitation de nacre.

Le plateau, étant un objet d'un usage journalier et en même temps article de luxe, je vais décrire les principaux décors qui lui conviennent.

Les plateaux prennent des formes carrées, rondes, ovales et festonnées de divers genres, mais le décor en est le même pour les uns comme pour les autres. Je prendrai donc un de ces plateaux pour décrire les manipulations auxquelles le peintre doit le soumettre.

Depuis quelque temps, on peint les plateaux en noir avec une bande dorée sur le bord, rien au centre, avec un petit feuillage vert orné de muguets blancs. Pour cette peinture on procède de la manière suivante :

Le noir se fait par le moyen du procédé de la page 128, manière de produire le noir. Il est bien entendu que l'on poncera soigneusement la couche de copal que l'on aura appliquée comme fixatrice, et après ce ponçage, qu'on donnera une couche de copal extra-superfin (anglais). Après le séchage, on polit par les procédés décrits à l'appendice, et lorsque la couche est polie, on trace assez légèrement avec un compas la largeur de la bande que l'on veut avoir qui est ordinairement de 3 à 4 centimètres ; cela dépend de la grandeur du plateau. Lorsque cette bande est tracée, on prend un pinceau à filet gros et court et on le trempe dans la préparation de gélatine ou colle de poisson dont il a été question à la page 157, en parlant de la dorure brillante. On évitera le plus que possible d'ajouter à cette composition de l'esprit-de-vin qui ternirait en quelque sorte l'or, et il vaut mieux n'en préparer que ce qu'il en faut pour un jour. Alors on suivra exactement les traces faites au compas et on fera bien de n'en enduire que deux fois la largeur de la feuille d'or avant de l'appliquer. On aura soin de couper l'or par le milieu au moyen d'un couteau et sur un coussin, tous deux destinés à cet usage, et qui s'achètent chez tous les fabricants de couleurs sous le nom de coussin de doreur. Ce n'est qu'après cette opération que l'on enduira de colle, puisqu'avec un pinceau à dorer, qui est plat, large, possédant d'assez grands poils et se vendant aussi avec le coussin, on enlèvera moitié par moitié les feuilles d'or, en se servant d'or véritable pour ce procédé, et l'appliquant immédiatement après le collage sur l'objet ; puis avec un peu de coton, on tapera légèrement les places où l'or ne se serait pas appliqué uniformément et chaque fois qu'on aura posé deux moitiés de feuille, on recommencera à encoller. Lorsque le tout sera doré, on laissera sécher à l'air pendant 2 à 3 heures et après ce séchage, on prendra un pinceau à filets gros et courts que l'on trempera dans du vernis Cobourg extra-fin et on suivra de nouveau les traces faites au compas que l'on aperçoit encore à travers l'or, puis on mettra sécher. Le séchage opéré, on lavera l'objet à l'eau fraîche avec une éponge et on l'essuiera avec une peau de chamois, pour enlever les frisures d'or qui se forment par l'impossibilité où l'on est de déposer une feuille d'or exactement droite, car malgré toute l'adresse imaginable on est obligé de dépasser toujours un peu les traces.

Après ces diverses opérations, on prendra du vert anglais ou milori préparé en positive, auquel on mêlera un peu de jaune de chrome ou de spooner, puis avec un petit pinceau en plume, on fera la verdure. Les petites fleurs qui sont des muguets se feront au blanc, puis le petit décor qui se trouve à l'intérieur du plateau se fera aussi au moyen d'un petit pinceau en plume que l'on trempera dans la mixtion à dorer à laquelle on aura ajouté un peu de vernis à la colle d'or. Il est préférable encore de faire le petit décor avant la guirlande de feuillage et de fleurs. Après cinq ou six heures de séchage à l'air, on dorera par les procédés de dorure déjà connus et on laissera sécher, après quoi on fera la guirlande comme je l'ai dit plus haut, et lorsque le tout sera sec on prendra un pinceau putois assez petit qu'on trempera dans du vernis Cobourg, et ou ne vernira que la partie décorée, c'est-à-dire toute la surface de décor, mais en ayant soin de ne pas la dépasser, puis on mettra de nouveau sécher à l'étuve et l'objet sera terminé, sauf la couche de noir qui se donnera au fond.

Du plateau nacré. — J'ai décrit dans la troisième partie de ce manuel les procédés de nacrés, je vais maintenant m'occuper de la description des opérations nécessaires à ce travail pour le finissage.

La composition du bouquet étant faite et appliquée dans les conditions des pages 156 et suivantes, on s'occupera de la peinture. Voici un aperçu de cette manipulation.

On se procurera une rose naturelle ou simplement une rose bien colorée sur papier pour modèle. On observera avec soin les jours et les ombres et on pourra, si l'on veut tracer, d'abord légèrement les premiers traits au crayon. Alors on fera les parties foncées de l'intérieur de la rose, avec du carmin auquel on aura ajouté un peu de vernis Cobourg, puis enfin les extrémités qui doivent former les ombres, en ajoutant au carmin un peu de bitume de Judée; mais il est bien entendu que les places qui forment les jours ne devront pas être recouvertes, mais auront besoin de rester à nu. Enfin on posera un jour général sur les places éclairées avec du blanc auquel on aura ajouté un peu de carmin, mais très-peu et une petite quantité de vernis Cobourg, et on ne formera que de petits filets légers à peine visibles sur les parties qui forment les hauteurs des feuilles éclairées.

Les feuillages verts se font en mélangeant un peu de bitume à de la laque verte, mais en ayant soin de n'en mettre que sur les parties absolument dans l'ombre, puis on posera aussi un jour général en mélangeant à du jaune de chrome un peu de vert Véronèse et un peu de vernis Cobourg ; on laissera alors sécher à l'étuve et on donnera une couche de vernis extra-superfin anglais ; on poncera après le séchage, puis on pourra faire des décors dorés ou argentés sur les bords de l'objet.

Le finissage est absolument le même que celui décrit dans le précédent article, sauf que l'on ne polit cet objet que lorsqu'il est complétement fini.

On pourra consulter ce qui a été dit à la page 156, pour l'imitation du nacré ; les opérations sont absolument les mêmes, seulement au lieu d'avoir un fond nacré, on aura un fond or et argent ; le finissage est le même.

ARTICLE XV. — *Panier à pain et porte-bouteille.*

Le panier à pain ainsi que le porte-bouteille se peignent absolument comme le plateau ; tous les procédés décrits peuvent être appliqués sur ces objets, ils subissent les mêmes opérations que le plateau et les manipulations sont aussi les mêmes.

ARTICLE XVI. — *Ramasse-couverts.*

Le ramasse-couverts est un objet qui se fait

beaucoup chez les orfèvres, soit en cuivre, soit en autres métaux galvanisés.

Cet objet se peint extérieurement seulement, et non à l'intérieur, à cause du frottement des couverts. Il se jaspe ou se décore ordinairement. Il se fait aussi en divers bois ou est orné par les procédés déjà décrits. Je ne décrirai donc que les deux procédés ci-dessous.

Premier procédé. — On opèrera de la manière suivante : Lorsque l'objet sera bien déroché et épousseté, on lui donnera deux couches de noir, bleu, brun ou vert préparés dans les conditions des pages 127 et 129 et en parlant du jaspé. La première couche étant séchée complétement à l'étuve, on donnera la seconde et on la laissera sécher dans les conditions des pages 127 et 129, puis on jaspera au moyen des outils et des liquides décrits dans les mêmes pages. Après le jaspage, on mettra sécher à l'étuve, puis on donnera une couche de copal pour fixer.

Deuxième procédé. — *Décalquage.* — Cet objet est toujours décoré sur des fonds clairs et non bariolés; ce sont les fonds bleu de ciel, lilas, rose ou vert clair qui lui conviennent.

Pour ne pas étendre plus qu'il n'est nécessaire notre description, ce qui, du reste, n'avancerait à rien, nous prendrons le premier de ces fonds qui est le bleu de ciel sur lequel on opère de la manière suivante :

On prépare en positive du blanc de céruse auquel on a ajouté, avant de mélanger le vernis au blanc, un peu de bleu d'outremer pour lui communiquer une teinte bleu de ciel, puis on éclaircit seulement au vernis copal. On donne deux couches de ce bleu, puis on ponce par voie humide au moyen des procédés décrits à l'appendice. Après quoi on peut décorer l'objet par les procédés de décalquage décrits dans la troisième partie, suivant les conditions et dans les formes de l'objet. On fait sécher à l'étuve, puis on trace des filets si la composition du décor l'exige. Après le séchage on donne une couche de copal pour fixer, et lorsque cette couche de copal est sèche, on ponce par voie humide et on donne une dernière couche de copal; enfin, si la surface ne paraît pas assez lisse, on polit.

Article XVII. — *Sucrier*.

Le sucrier se fait en porcelaine, en cuivre argenté ou doré, il s'établit aussi en tôle ou ferblanc peint à l'extérieur seulement et s'argente ou se dore à l'intérieur par les procédés électro-chimiques.

Le sucrier est peint ordinairement en blanc ou en noir décoré, mais comme j'ai déjà donné les procédés de décalquage sur le noir, je ne décrirai ici que les opérations relatives au blanc.

J'ai déjà dit plus haut que les blancs servant à recouvrir des objets d'un usage journalier, devaient être préparés dans des conditions différentes de celles employées pour intérieur.

On prépare donc, d'un côté, du blanc de céruse en positive, en ayant soin d'y introduire plus d'huile que dans les autres positives, puis on en donne deux couches et on fait sécher. Après chaque couche, on ponce légèrement par voie humide. D'autre part, on broie du blanc d'argent et on l'éclaircit avec du vernis Cobourg, qu'on laisse reposer pendant 4 à 5 jours, ne se servant alors que de la partie du dessus; le dépôt qui se forme au fond du vase est broyé de nouveau après le premier épuisement, et on fera bien d'avoir toujours de ce blanc pour 8 à 15 jours d'avance, parce qu'il devient plus pur et donne une surface plus lisse. On donne trois couches de ce blanc, et après le séchage on ponce et on fait les fleurs ou décors dorés, après quoi on fait sécher, on donne une couche de vernis Cobourg, puis on met de nouveau à l'étuve, et on peut polir si la surface l'exige.

ARTICLE XVIII. — *Vase de nuit.*

Le vase de nuit se peint ordinairement en bleu, vert, brun ou rouge à l'extérieur et blanc à l'intérieur.

Je ferai remarquer que le blanc qui servira pour l'intérieur de cet objet devra être préparé de la manière suivante, à cause de l'alcalinité de l'urine que le vase renferme journellement, et qui bientôt détruit toute la peinture de l'intérieur malgré tous les soins possibles.

On devra broyer le blanc de céruse ou blanc d'argent entièrement à l'huile de lin cuite, bien épais et délayé avec du vernis Cobourg, et on en donnera quatre couches.

CINQUIÈME PARTIE

DU NOIR RECUIT ET DU BRONZE FLORENTIN.

ARTICLE I. — *Four au noir.*

Pour ces deux procédés il faut une étuve *spéciale.*

Fig. 4.   Fig. 5.

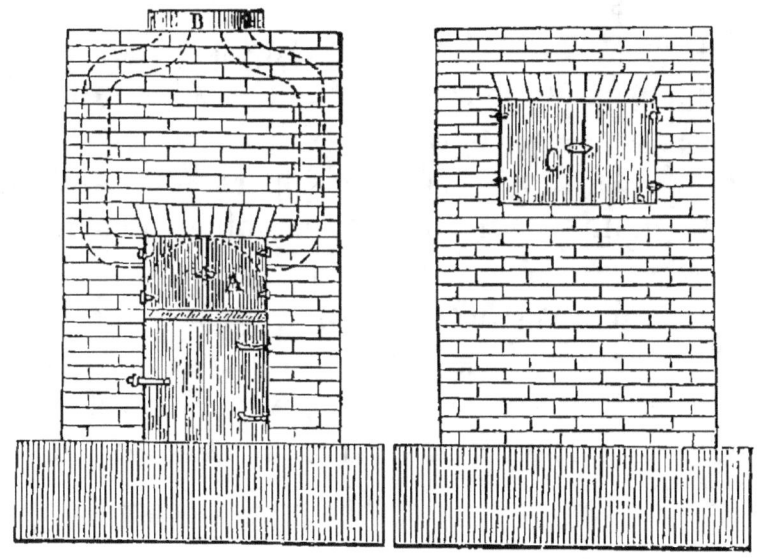

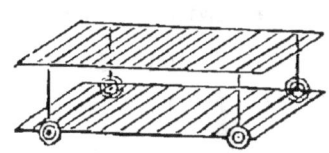

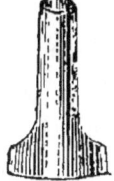

Fig. 6.   Fig. 7.

Je ne donne dans les figures 4 et 5 que les vues de devant et derrière du four au noir.

Ce four peut avoir 1^m.50 de longueur sur 0^m.80 de largeur, et il est bâti en briques.

L'ouverture A où se fait le feu est voûtée et pourvue d'une grille pour laisser échapper les cendres et le mâchefer de la houille, à partir de cette voûte, on ménage d'autres ouvertures de distance en distance, afin que l'intérieur de l'ouverture C, fig. 5, soit chauffé en tous sens.

Notons bien que les ouvertures où la chaleur doit passer, doivent se trouver entre deux couches de briques.

Sur la voûte où se fait le feu est disposée une taque en fonte pourvue de deux petits rails sur lesquels roule la charrette fig. 6.

Enfin, la fumée s'échappe par l'ouverture B qu'on munit d'une petite cheminée de tirage fig. 7.

Devant l'ouverture C, on doit ajuster une table de la longueur de la charrette, et munie de deux petits rails en rapport avec ceux du four, de manière à ce qu'en retirant la charrette elle puisse refroidir ainsi que les objets qu'elle porte.

ARTICLE II. — *Noir recuit.*

Le noir recuit et le bronze florentin ne sont applicables que sur des objets qui n'ont pas de soudures et ne sont pas en fer-blanc, parce que ces objets étant soumis à une haute température, l'étain qui se trouverait à la surface commencerait à couler, et qu'il en serait de même des soudures.

Ces peintures ne devront être faites que sur

des objets qui sont sujets à être approchés ou à contenir du feu, tels que brûloirs à café, réchauds, chaufferettes, etc.

On procède de la manière suivante quand il s'agit du noir. On donne une couche de black-tar, qui n'est autre chose que du goudron rectifié, auquel on ajoute un peu d'essence minérale, qui n'est elle-même rien autre chose que de l'huile de pétrole rectifiée, pour l'éclaircir, parce qu'à l'état pur il serait infiniment trop difficile à employer, puis on met sécher à l'étuve, dont on vient de donner le plan, jusqu'à ce que la couche qui paraissait d'abord brune, soit devenue complétement noire, par l'action de la température élevée de l'étuve qui monte de 60 à 70 degrés. Puis on donne une seconde couche de black-tar, et après un même séchage que le précédent, l'objet est terminé; on a alors un noir parfaitement solide.

ARTICLE III. — *Bronze florentin.*

Le bronze florentin ne s'applique, de même que le noir que je viens de décrire précédemment, que sur les objets qui sont exposés à être approchés du feu ou à contenir des matières enflammées.

Pour bronzer un objet en bronze florentin, il faut que la surface soit parfaitement polie; d'ailleurs, on ne peut appliquer ce procédé que sur des objets en tôle ou en cuivre, car sans cette précaution la moindre tache serait visible à travers le bronzage, qui doit être d'un brun rougeâtre et bien transparent.

Opération. — On se procure du bon vernis à l'ambre et on en donne une couche qui paraît presqu'invisible sur l'objet, puis on porte celui-ci à l'étuve, où on le laisse jusqu'à ce que la couche ait jauni et soit devenue un peu brunâtre. Après ce séchage on donne une seconde couche et on recommence de nouveau à observer attentivement, jusqu'à ce que la surface paraisse être assez foncée; les variations du rouge ou du brun, ou du ton de la couleur sont des affaires de goût, c'est l'ouvrier seul qui dispose de la couleur, en observant le plus ou moins de temps qu'il faut laisser l'objet exposé à la chaleur. Après ce séchage, l'objet est bronzé et terminé.

SIXIÈME PARTIE

OBSERVATIONS ET REMARQUES GÉNÉRALES.

ARTICLE Ier. *Des défauts de la peinture.*

Il arrive souvent dans la peinture sur métaux, qu'après la seconde couche de positive et même lorsque l'objet a reçu sa dernière couche de copal qu'on aperçoit à la surface certaines places où la couche s'est resserrée et a produit ce qu'on appelle des frisures.

Ce défaut provient généralement de ce qu'on a employé la couleur trop épaisse (c'est-à-dire, dans de mauvaises conditions).

Cet effet se montre aussi, lorsque les premières couches n'ont pas été bien desséchées.

Cette dernière cause n'est pas aussi à craindre pour les frisures que pour les gerçures. En effet, supposons un instant qu'une première couche n'ait pas été bien desséchée, qu'arrivera-t-il à la seconde couche?

On comprend que si une couche n'ayant pas été bien séchée, a été recouverte d'une seconde, il y aura contraction, si on veut sécher à fond la seconde, et par conséquent un retrait qui produira des fentes ou gerçures. Il suffit, en effet, que l'une des couches n'ait pas été bien séchée pour que tout travail fait avant et même après

cette couche, subisse des gerçures et des frisures.

Les gerçures et les frisures ne se produisent
quelquefois que bien longtemps après l'exécution
du travail, et j'ai même vu des défectuosités se
montrer seulement quelques semaines après et
même quelques *mois* plus tard.

Il faut donc de toute nécessité laisser sécher
chaque couche à fond, et préparer les couleurs
positives et négatives minutieusement dans les
conditions des pages 126 et suivantes.

La superposition de positive et négative n'a pas
d'inconvénient si les positives ne sont pas super-
posées à consistances différentes.

Voici à ce sujet une expérience que j'ai souvent répétée.

Si sur une positive préparée à consistance ré-
gulière, puis bien desséchée, on pose une négative aussi dans de bonnes conditions, ensuite une
couche de la positive qui a servi pour la première
couche, on n'observera ni gerçures ni frisures, ce
qui prouve qu'on ne pourrait pas préparer la
couleur assez épaisse pour n'avoir pas besoin de
donner une seule couche.

Je ne dis pas qu'on ne puisse pas réussir à ne
donner qu'une seule couche, mais puisque cette
expérience prouve si souvent qu'il y a défectuosités, on ne peut pas admettre ce moyen comme
pratique. Aussi je n'engage personne, dans son
intérêt comme dans celui du travail, à ne donner
qu'une seule couche épaisse pour gagner du
temps.

Dernières remarques. — Lorsqu'on n'aura pas trop d'objets peints en blanc dans l'étuve, on pourra pousser la chaleur, au lieu de 35° à 40°, de 50° à 60° centig.

Je ferai remarquer que le blanc jaunit à cette chaleur. Le bleu d'outremer n'est pas fixé ; d'un autre côté, mélangé au blanc, il y a grand changement, puisque le blanc jaunit et que le bleu verdit.

Je ne conseillerai nullement de se servir dans la préparation des couleurs de l'essence minérale qui n'est qu'un schiste rectifié, et ne peut par conséquent pas remplacer l'essence de térébenthine qui contient beaucoup de résine, et donne par le fait même plus de corps aux couleurs.

Un thermomètre est indispensable dans l'intérieur de l'étuve si l'on veut constamment obtenir de bons résultats.

ARTICLE II. *Entretien des couleurs et des pinceaux.*

§ 1. *Entretien des couleurs.*

Les pots ou vases contenant les couleurs doivent être soigneusement bouchés, surtout en été, où l'évaporation se produit plus promptement.

Si on négligeait ce soin, il se produirait une peau à la surface qu'on est obligé d'enlever en la coupant avec un couteau aussi près que possible du bord de la circonférence du vase ; on comprend alors la perte qu'occasionne la négligence de boucher aussi hermétiquement que possible les pots.

Les peaux ainsi enlevées ne doivent pas être rejetées, on a en effet un vieux vase où l'on jette tous les résidus ensemble pour les délayer, les éclaircir et les ramener au titre; il est vrai que cette couleur ne peut servir que pour des premières couches ou des fonds, pour des objets sans conséquence. Je dirai qu'avant de s'en servir on devra la passer dans un tamis fin en toile métallique.

§ 2. *Entretien des pinceaux.*

Les pinceaux, et cela à chaque fois qu'on s'en est servi, doivent être débarrassés autant que possible de la couleur qu'ils peuvent encore contenir en les essuyant sur les bords du vase contenant la couleur précédemment en usage.

Ensuite on les déposera dans un vase propre (destiné à cet usage), contenant de l'eau fraîche qu'on devra changer tous les soirs. Les petits pinceaux traînards à filets, les pinceaux en plumes devront après chaque fin d'un travail être lavés à l'essence et graissés à l'huile ou au suif, et déposés dans un lieu où ils ne sont pas exposés à être courbés, parce que ces petits outils conservent facilement les plis. Les pinceaux de faux bois aussi doivent être lavés à l'eau tous les soirs, afin qu'on ne recommence pas la journée suivante par des déceptions. Les tables sur lesquelles on travaille doivent être brossées tous les soirs et débarrassées de tout ce qui n'entre pas dans le travail du lendemain.

Le samedi, on nettoie l'atelier; alors tous les

vases de couleurs, les pinceaux, les outils et tout ce qui est nécessaire dans un atelier de peinture sont mis dans une armoire *ad hoc*.

J'ajouterai en passant que les flacons de vernis d'essence et autres provisions, devront toujours trouver place dans le fond de cette armoire.

C'est alors seulement le lundi, et lorsque toutes les pièces provenant du samedi sont retirées, qu'on peut aussi brosser et balayer l'étuve, et cela avant de recommencer le travail.

APPENDICE

DÉROCHAGE, PONÇAGE ET POLISSAGE.

————

Article I. — *Dérochage.*

§ 1. *Dérochage par voie humide.*

Lorsque l'objet est en tôle brute et qu'il est trop rouillé pour être déroché par voie sèche, on adoptera le procédé par voie humide, et on opérera de la manière suivante.

On mélange deux dixièmes d'acide sulfurique à la quantité d'eau nécessaire pour recouvrir l'objet de quelques centimètres. On met ce mélange dans une cuve en plomb ou en bois de chêne, et on y laisse séjourner l'objet pendant quelques heures, après quoi on le retire et on le frotte vigoureusement avec une brosse de chiendent et du sable fin. Cela fait, on le plonge dans l'eau bouillante, où on le laisse pendant un quart-d'heure pour enlever complétement les traces d'acide qui, sans cette précaution, pourraient de nouveau recouvrir l'objet de rouille, puis on le lave à plusieurs eaux fraîches et on met sécher à l'étuve. Sans perdre de temps on donne une couche de positive à laquelle on a mélangé beaucoup d'huile de lin cuite, après quoi on peut peindre l'objet comme bon semblera, en employant l'un ou l'autre des procédés décrits dans ce Manuel.

§ 2. *Dérochage par voie sèche.*

Lorsque la surface n'est pas trop rouillée ou oxydée, on déroche par voie sèche, qui consiste à frotter vigoureusement avec de la pierre ponce ou du papier de verre. Ce mode de dérochage est préférable au précédent, quoiqu'il emploie un peu plus de temps, par cette raison qu'il n'entre pas d'acide dans l'opération.

Au moyen de ces procédés, on peut dérocher le fer, le cuivre et le zinc.

Par voie humide, le cuivre devra être trempé en partie ou en entier dans de l'acide nitrique, et après un lavage à grande eau, il sera séché à la sciure de bois dans une étuve.

Le zinc se déroche en le trempant dans une quantité d'eau suffisante pour recouvrir l'objet en entier, eau à laquelle on ajoute un dixième d'acide sulfurique. On fait bouillir à l'eau chaude, puis on met sécher à l'étuve, et immédiatement après le séchage on donne une couche de positive.

Tel a été mon procédé de préparer le zinc à recevoir une ou plusieurs couches; mais arrivé aux dernières pages de mon Manuel, je prends connaissance d'un procédé récemment découvert, dû à M. Boettger, chimiste allemand, pour empêcher le zinc de s'oxyder sous la peinture, chose que l'on n'avait pas encore trouvé, jusqu'alors.

Je vais me servir des termes mêmes que M. Boettger a employés dans la description de son procédé.

Le zinc est d'abord décapé avec du sable fin, puis on le plonge dans un bain ainsi composé :

Eau distillée.	64 parties.
Azotate de cuivre.	2
Chlorure de cuivre cristallisé. .	3
Acide chlorhydrique.	8

Après l'immersion, le zinc est lavé à l'eau et séché rapidement. Le métal est recouvert ainsi d'un produit noir très-adhérent, sur lequel les peintures au four prennent une grande solidité.

Article II. — *Ponçages.*

§ 1. *Ponçage par voie sèche.*

Lorsque les objets ne sont pas de grande valeur, on peut les poncer par la voie sèche, en les frottant avec du papier de verre fin.

§ 2. *Ponçage par voie humide.*

On broie à l'eau et excessivement fin de la pierre-ponce que l'on étend par portion sur un morceau de feutre, sur lequel on pose aussi quelques prêles en travers; l'appareil ainsi organisé se pose sur la surface, puis on imprime un mouvement régulier jusqu'à ce que les plus gros grains soient sortis de la peinture, après quoi on se sert de pierre-ponce broyée et étendue sur le feutre, mais sans prêles pour en rendre lisse la surface. On lave ensuite avec une éponge et on essuie soigneusement avec une peau de chamois.

Article III. — *Polissage.*

Le polissage est une opération qui ne se fait que sur des objets et des peintures de prix.

Lorsqu'on veut polir un objet de couleur claire, on se sert pour vernir de copal anglais extra-superfin à polir ; mais sur une couleur foncée, on pourra employer du copal anglais fin à polir.

Lorsque la dernière couche est donnée et séchée, on procède de la manière suivante : On aura préalablement calciné sur un feu de charbon des os de veau, pour brûler les corps gras qu'ils contiennent, et leur donner une consistance poreuse. Après le refroidissement, on les écrase et on les broie extrêmement fin, à l'eau pure, avec la molette, sur la platine qui sert à broyer les couleurs.

Polissage. — On prend une certaine quantité de poudre d'os proportionnelle à la grandeur de l'objet sur un morceau de bon feutre, et on frotte uniformément la surface pour enlever les petits grains qui peuvent subsister, malgré tous les soins possibles. Lorsqu'on est bien sûr que les grains sont enlevés, on essuie avec une éponge que l'on aura soin de ne pas laver, parce qu'elle servira encore. On met donc cette éponge à côté de soi et à sa portée, puis on achève de polir l'objet en humectant légèrement le tampon de la main sur l'éponge encore imprégnée d'os et d'eau et on frotte légèrement la surface par petites reprises pour donner enfin le poli complétement et enlever les traces occasionnées par le premier frottement ; après quoi l'objet est lavé à l'eau fraîche et essuyé avec soin avec une peau de chamois.

Je ferai remarquer que les outils servant à cette opération ne devront pas être employés à aucun autre travail.

Article IV. — *Dérochage et décapage.*

Les objets qui sont destinés à être dorés ou argentés devront subir un décapage. Je donne ci-dessous quelques procédés.

Pour décaper ou dérocher le fer, on mélange à 2 parties d'acide sulfurique 8 parties d'eau, on y laisse séjourner l'objet quelque temps, puis on frotte vigoureusement avec du sable fin, après quoi on frotte pendant quelques instants le fer avec une solution extrêmement faible de nitrate double d'argent et de mercure à laquelle on ajoute quelques gouttes d'acide nitrique.

Pour composer cette solution, il suffit de faire dissoudre séparément 1 gramme de nitrate d'argent dans 60 grammes d'eau et 1 gramme de nitrate de mercure dans une égale quantité du même liquide. On mélange ensuite les deux solutions auxquelles on ajoute 4 grammes d'acide nitrique à 40 degrés de l'aréomètre de Baumé. Après que le fer est recouvert d'une légère couche blanche, c'est-à-dire recouvert d'une légère pellicule d'argent, on peut dorer ou argenter par les procédés de dorure et d'argenture ci-dessus.

Décapage du cuivre.

Le cuivre se décape en mélangeant moitié d'acide nitrique à une autre moitié d'eau, on laisse séjourner l'objet 4 à 5 secondes, puis on le frotte au sable fin, on lave ensuite à grande eau et on fait sécher à la sciure de bois, après quoi on peut dorer ou argenter.

Le décapage du fer-blanc ne diffère en rien de celui du cuivre, seulement au lieu de l'acide nitrique employé pour ce dernier, on mélange moitié d'acide sulfurique.

ARTICLE V. — *Sur les maladies des peintres.*

Le peintre est souvent exposé aux coliques, aux maux de tête et à des malaises que les médecins sont appelés fréquemment à traiter.

Les ouvriers qui broient les couleurs ou en emploient en abondance sont souvent attaqués; mais si pendant des opérations difficiles et pénibles où l'on pourrait respirer des couleurs en poudre, on prenait une tasse de lait chaud chaque matin, on se garantirait contre les coliques : et il est même bien urgent aussi de se purger tous les mois une fois au moins, en prenant deux ou trois cuillerées d'huile de ricin dans une assiette de bouillon.

L'huile de ricin est une purgation très-douce qui n'empêche même pas de travailler.

ARTICLE VI. — *Vernis employés en peinture.*

Vernis copal à teinte, sert à délayer les couleurs et à les rendre positives.

Vernis copal à teinte n° 1, liquide fixateur pour les teintes, faux-bois et autres peintures simples.

Vernis copal à polir soit pour les objets décorés d'ornements, dorés, argentés ou autres.

Vernis copal extra-fin pour les fonds clairs que l'on veut polir.

Vernis copal Coboura pour les fonds blancs.

Les meilleurs vernis viennent d'Angleterre et sont préférables à raison de leur finesse, de leur transparence et de leur solidité; ils sont ceux généralement employés dans la peinture sur métaux.

FIN DE LA PEINTURE SUR MÉTAUX.

VERNISSAGE

SUR MÉTAUX ET SUR BOIS

D'APRÈS

M. LE Dʳ EM. WINCKLER,

TRADUIT ET COORDONNÉ

PAR M. F. MALEPEYRE.

INTRODUCTION

L'art du vernisseur, considéré d'une manière générale, a pris, depuis un certain nombre d'années, un développement considérable; non seulement on l'a appliqué à la décoration de nos appartements, mais il est une foule d'ustensiles de ménage, d'objets d'une utilité usuelle, d'articles de goût et de fantaisie fabriqués en bois, en métal ou en d'autres matières, qu'on a cherché à recouvrir de peintures ou d'enduits imitant les métaux les plus précieux, les bois les plus rares, les matières minérales riches, etc., peintures et enduits dont on a augmenté encore l'éclat par l'application des vernis fins, translucides et de glacis qui donnent aux objets un bel éclat vitreux et chatoyant qui en relève le mérite.

Notre intention, dans ce petit manuel, n'est pas

d'entrer dans tous les détails de l'art du vernisseur, art étendu, qui se partage en plusieurs branches toutes dignes d'intérêt qui exigeraient des descriptions particulières et dont plusieurs ont fait l'objet de traités spéciaux de la part de divers auteurs. Parmi ceux-ci nous citerons l'*Art du Peintre*, de Watin (1), dont la dernière édition renferme à cet égard des instructions variées et complètes. Nous nous sommes proposé un but plus modeste en traitant du vernissage des bois et des métaux, et en nous bornant même à certains procédés employés généralement qui, nous l'espérons, compléteront ceux qui ont été décrits dans les deux ouvrages précédents.

Nous allons donc traiter successivement et d'une manière générale de l'art de vernir les bois et les métaux, c'est-à-dire que nous traiterons d'abord de l'atelier et des ustensiles dont le vernisseur sur bois et sur métaux fait usage, que nous indiquerons la préparation des mastics propres à reboucher, la composition des glacis azurs ou reflets chatoyants, les couleurs employées dans les peintures que doit recouvrir le vernis, les règles qu'il convient d'observer dans le vernissage, les moyens de poncer, de polir les pièces, les procédés pour poncer et polir les vernis, en prenant pour guide M. E. Winckler, auteur du Manuel du *Fabricant de Couleurs et de Vernis*.

(1) *Art du Peintre, Doreur et Vernisseur*, par WATIN ; 12ᵉ édition, revue et entièrement refondue pour la fabrication et l'application des couleurs, par MM. Ch. et F. BOURGEOIS, et augmentée de l'*Art du Peintre en voitures, en marbres et en faux-bois*, par M. J. DE MONTIGNY, ingénieur civil. 1 vol. in-8.   6 fr.

CHAPITRE Iᵉʳ.

Atelier et ustensiles.

L'atelier ou laboratoire du vernisseur se compose d'un local clair, vaste, placé principalement au rez-de-chaussée, dans lequel est disposé un poêle et dont le sol est planchéié. Ce local doit toujours être maintenu propre, en enlevant la poussière, non pas avec des balais ou des plumeaux, mais avec des linges humides, autrement on détériorerait entièrement les objets fraîchement vernissés.

Dans cet atelier se trouve une grande table avec étagères sur lesquelles sont placés les brosses, les blaireaux, les martres, les queues de morue et les spatules en fer, en bois, en os, en ivoire, des règles, des palettes, etc.

Sur de petites tables on remarque des marbres, des pierres ou des plaques de verre, et des molettes avec lesquels on broie les couleurs.

Dans de vastes armoires fermées sont disposés de grands et de petits pots ainsi que des capsules en terre et en porcelaine, des vases en métal ou en verre dans lesquels on conserve les huiles et les vernis, des vases à nettoyer les pinceaux et d'autres menus ustensiles.

Enfin on trouve encore plusieurs cadres, châssis, tréteaux en bois et une bonne étuve à chauffer et sécher les vernis et les objets qui en sont recouverts.

CHAPITRE II.

Des mastics et des mordants ou azurs.

Les mastics servent à égaliser les surfaces, à reboucher les trous, combler les inégalités, etc., et s'emploient en général avant l'application des mordants et des vernis.

1° *Mastic à la gélatine de* THOMSON.

On fait bouillir dans un pot :

Colle-forte de bonne qualité. . . . 0kil.125
Eau.. . . . . 1.000

jusqu'à ce que la colle soit dissoute, puis on ajoute :

Alun en poudre.. . . . . 0.008
Farine de seigle.. . . . . 0.180

et on mélange intimement. D'un autre côté, on dépose dans un plat trois à quatre feuilles de papier buvard déchiré en petits morceaux, et de la sciure de bois passée au tamis fin, on pétrit ces substances avec l'eau de colle forte et de pâte jusqu'à ce que le tout ait la consistance d'un mastic tenace avec lequel on remplit et on rebouche les fentes, fissures, trous, cavités, etc.

2° *Mastic à l'huile de lin.*

On broie de la céruse, de la terre d'ombre, du minium et de la litharge avec de l'huile de lin cuite à consistance de sirop à laquelle on a ajouté un peu de vernis au succin, pour en former un mastic tenace qu'on applique avec une spatule en bois.

3° *Mastic à la colle de poisson et à la craie.*

On dissout la colle de poisson dans l'eau et l'on y projette de la craie en poudre fine pour en former une bouillie épaisse qu'on applique sur les gerçures, les fissures et les ouvertures du bois.

4° *Glacis et azurs.*

Les glacis sont des compositions des couleurs ou des vernis dont on se sert pour relever les couleurs de fond, leur donner plus d'éclat, un reflet plus agréable ou imitant quelque jeu de lumière des substances naturelles. Ces compositions, suivant leur nature, sont appliquées à froid ou à chaud au moyen d'une éponge, ou bien on y plonge les objets.

Tous les glacis ou azurs se trouvent tout fabriqués chez les marchands de couleurs. Nous citerons, parmi les glacis, les suivants :

Les laques de Munich, carminée, brune, jaune, etc.

Les jaunes de Naples, de chrome clair et foncé, le jaune indien.

Les bleus de cobalt, d'outremer, de Paris, d'indigo, de Prusse.

Les verts cristallisés et enfin les divers vernis. L'application intelligente des glacis exige un esprit d'observation et du goût. Chacun, en ce cas, est livré à son propre instinct et c'est souvent dans cette application que se révèle le véritable artiste.

CHAPITRE III.

Couleurs employées le plus généralement dans l'art du vernisseur, leur broyage et des liquides qui servent à les étendre, etc.

Les matières colorantes servent à peindre ou à charger préalablement les divers objets qui doivent ensuite être vernis, et de fond même au vernis. A cet effet, ces matières sont réduites et amenées au plus haut degré possible de finesse, en les broyant sur un marbre jusqu'à ce qu'on les ait transformées en une poudre ou une pâte impalpables. Pour pouvoir opérer facilement et convenablement ce broyage, on a recours à certains liquides avec lesquels ces couleurs se combinent et s'étendent aisément. Ces liquides sont l'eau, la gélatine, les huiles grasses, les essences, les vernis à l'huile, à l'essence ou à l'alcool. Ces divers excipients s'emploient suivant la nature de la couleur, et le vernisseur qui connaît la pratique de son art, n'a pas de peine à déterminer celui qui convient à chaque couleur.

Ces indications sommaires suffiront pour le vernisseur, attendu que partout les couleurs qu'il emploie se vendent toutes broyées dans les excipients dont il a été question, et qu'il n'a plus qu'à choisir celle qui convient au travail qu'il entreprend.

Nous entrerons dans des détails plus étendus sur les couleurs, parce qu'il est indispensable que le vernisseur sur métaux, qui doit aussi être peintre, connaisse leur origine, leur nature, leur sophistication, en un mot, ait une connaissance suffisante des matières qu'il met en œuvre, et pour qu'il ne soit pas la dupe de marchands peu scrupuleux, comme il y en a toujours, car non-seulement il serait victime de sa confiance dans la qualité des matériaux qu'il met en œuvre, mais son travail en souffrirait, et malgré toute son habileté et ses efforts, il ne pourrait parvenir à toute la perfection qu'il doit rechercher dans les produits de son art (1).

Nous traiterons successivement des couleurs rouges, noires, bleues, jaunes, vertes, brunes et blanches.

Section I. — COULEURS ROUGES.

1. *Cinabre ou bisulfure de mercure.* — On en connaît plusieurs qualités qui diffèrent par leur éclat et leur force.

2. *Rouge de chrome, cinabre de chrome.* — On l'obtient, suivant M. Liebig, en préparant d'abord le jaune de chrome en traitant le sulfate de plomb encore humide, par une dissolution de chromate neutre de potasse.

Le précipité de jaune de chrome est d'abord lavé avec de l'eau, et les dernières portions d'eau sont écoulées de la cuve. Suivant M. Habich, on

---

(1) On peut consulter le *Manuel du Fabricant de Couleurs et de Vernis*, qui fait partie de l'*Encyclopédie-Roret*.

partage la masse de jaune bien mélangée, en six ou huit portions bien égales, qu'on introduit chacune dans des verres placés les uns près des autres, de même capacité et de même épaisseur de paroi. Dans ces verres, on ajoute au jaune de chrome des proportions différentes d'une lessive de potasse ou de soude caustiques à 20° Baumé, par exemple, 5 parties en volume de la couleur à l'état mou, avec 2, 2.5, 3, 3.5, 4, etc., parties aussi en volume de lessive caustique, on agite vivement et on abandonne le tout au repos. La décomposition s'opère d'elle-même, et le rouge se développe promptement. Au bout de 12 heures on décante la lessive (qui consiste en alcali contenant beaucoup d'acide chromique), on jette la masse sur un petit filtre carré, et on lave peu à peu à l'eau distillée. Enfin, on fait sécher les cristaux obtenus et on les broie.

On obtient encore le cinabre de chrome, en faisant bouillir du chromate neutre de potasse avec une lessive de potasse étendue, introduisant dans du nitrate de potasse en fusion et lavant la masse fondue.

Cette matière forme une poudre vénéneuse dont la couleur varie du rouge-jaune ou rouge cinabre, et qu'on peut, comme couleur, employer à l'huile, à l'eau et dans la peinture à fresque.

3. *Minium.* — Peroxyde rouge de plomb qu'on prépare par une calcination soutenue de l'oxyde de plomb ou de la litharge, ainsi qu'on le trouvera décrit dans le premier volume du *Manuel du Fabricant de Couleurs.*

Le minium est une poudre d'un rouge vif et
vénéneuse, qui souvent vire légèrement au jaune
et qu'on applique à l'huile, à l'eau ou dans la
peinture à fresque.

4. *Carmin de cochenille, carmin rouge.* — On
l'obtient en broyant en poudre fine :

Cochenille. 0 kil.060

et faisant bouillir dans une chaudière en cuivre
étamée pendant une demi-heure avec :

Eau de pluie ou de rivière.. . . . 24.000

et ajoutant :

Alun de Rome.. . . . . 0.003

On laisse en repos pendant une demi-heure, puis
on jette sur un filtre en flanelle, et on traite la liqueur filtrée par le chlorure d'étain qu'on y verse
goutte à goutte, en agitant continuellement tant
qu'il se forme un précipité. On met le vase à part
pendant quelques jours, en ayant soin de le couvrir, et au bout de ce temps le carmin s'est déposé; on décante avec précaution la liqueur qui
surnage, on lave bien le carmin sur un filtre en
papier, avec de l'eau distillée, et on fait sécher à
une douce chaleur.

Le carmin constitue une riche couleur rouge
qui doit se dissoudre dans l'ammoniaque liquide
sans laisser de résidu.

5. *Carmin ou rouge de garance.* — On le prépare en lavant à plusieurs reprises de la garance
en poudre avec de l'eau froide, puis en prenant :

Garance lavée.. . . . . 0 kil.500

qu'on fait bouillir pendant deux ou trois heures
avec :

> Alun exempt de fer.. . . . .   0.250
> Eau. 3.000

filtrant et traitant la liqueur filtrée par une solution de potasse purifiée dans l'eau qu'on y verse
goutte à goutte, tant qu'il se forme un précipité.
Il est nécessaire de faire remarquer que le précipité le premier obtenu a toujours plus de feu
et est le plus beau, qu'on doit le recueillir à part,
le laver avec de l'eau et le faire sécher à une
douce chaleur. On précipite ensuite le reste de la
liqueur. Il faut avoir soin d'éviter toute présence
du fer.

On sophistique souvent le carmin de garance
avec du bois de Fernambouc réduit en poudre extrêmement fine. Mais cette falsification est facile
à découvrir en versant sur le carmin de l'eau
chaude qui colore le bois de Fernambouc. Le carmin de garance ainsi que la laque carminée servent à des glacis, dans l'art du vernisseur et pour
produire par le mélange d'autres couleurs.

6. *Rouge d'Angleterre, caput mortuum, sanguine, rouge de Sienne, oxyde de fer.* — Matières
colorantes plus ou moins pures qu'on trouve dans
la nature ou qu'on obtient dans la fabrication de
l'acide sulfurique fumant avec le sulfate de fer.
Le rouge d'Angleterre se trouve la plupart du
temps à l'état lavé dans le commerce et sert comme
couleur d'enduit sur divers objets. Dans l'art du
vernisseur, on l'emploie avec avantage pour les

bruns en le mélangeant à un peu de noir de fumée et il constitue une couleur solide à l'huile, à l'eau et dans la peinture à fresque.

7. *Ocres rouges lavées ou non lavées.* — Les ocres en général donnent des couleurs solides et bien variées de nuances.

Section II. — COULEURS NOIRES.

1. *Noir de fumée, noir de corbeau, noir d'impression,* etc. — Tous ces noirs s'obtiennent en brûlant des matières résineuses ou grasses avec accès de l'air, sous la forme d'une poudre poreuse, légère, d'un beau noir. En les pressant dans des capsules en fer bien lutées avec de l'argile et les exposant pendant quelques heures à une chaleur rouge, on obtient les noirs calcinés qu'on emploie dans l'art du vernisseur comme couleur à l'eau, à fresque et à l'huile qui ne sont pas vénéneuses.

2. *Noir d'Espagne.* — C'est un noir qu'on obtient en calcinant dans des cylindres clos des rameaux de fusain ou de ceps de vigne. Ce noir a une teinte rougeâtre qui se prête bien à la préparation d'un gris d'argent, quand on le mélange avec du blanc. Le liége fournit par le même traitement un noir qui vire au brun.

3. *Noir d'ivoire, noir d'os.* — On le prépare en calcinant en vase clos, les os des animaux ou l'ivoire. Le noir d'ivoire ne s'emploie que pour peintures fines à l'huile, tandis que le noir d'os sert principalement pour la peinture en détrempe.

4. *Noir de Francfort, noir de pêche,* etc. — On

l'obtient en carbonisant ensemble dans des rapports divers, du marc de raisin, de la lie de vin sèche, des noyaux de pêche et des rognures d'ivoire. On s'en sert particulièrement dans les peintures à l'huile et au vernis et dans l'impression en taille douce.

Section III. — COULEURS BLEUES.

1. *Bleu de Paris, bleu de Berlin, bleu de Prusse, bleu de Saxe, bleu minéral.*— Ces bleus se préparent en précipitant une solution de cyanoferrure de potassium par une solution dans l'eau de sulfate de fer, traitant le précipité soit par l'acide chlorhydrique, soit par l'acide azotique étendu, lavant et faisant sécher.

Ces matières forment des pains bleus, durs, d'un éclat cuivré, qui fournissent des couleurs à l'eau et à l'huile vénéneuses, mais que la lumière solaire attaque et que les alcalis et la chaux décomposent.

2. *Indigo.*— Produit qu'on extrait de plusieurs espèces des genres *indigofera* et *isatis*. Celui que livre le commerce est toujours un mélange de plusieurs matières.

3. *Carmin d'indigo.*— Se prépare en réduisant l'indigo en poudre très-fine sur laquelle on verse peu à peu et en agitant continuellement de l'acide sulfurique fumant, abandonnant pendant 12 heures dans un lieu chaud, étendant ensuite avec beaucoup d'eau, précipitant la solution étendue avec une suffisante quantité de carbonate de potasse et faisant sécher.

Le carmin d'indigo est soluble dans l'eau, et quand on le broie avec ce liquide ou avec l'huile, il fournit une couleur solide non vénéneuse.

4. *Bleu de cobalt, outremer de cobalt, bleu Thénard.* — Pour l'obtenir on chauffe de l'hydrate d'alumine avec du protoxyde de cobalt, du phosphate ou de l'arséniate de ce protoxyde.

C'est une belle couleur bleue qui paraît rougeâtre à la lumière et qui est solide. Elle est vénéneuse et peut être employée comme couleur à l'huile, à l'eau ou pour émaillages.

5. *Smalt, bleu de Saxe.* — On le prépare en grand en mettant en fusion du quarz, de la potasse et du minerai de cobalt. C'est un verre en poudre fine coloré en bleu par le cobalt. Les sortes les plus foncées sont connues sous les noms de *bleu royal, bleu impérial.*

Un bon smalt doit former des balles comme la farine des céréales, quand on le comprime avec la main et non pas une poudre sableuse. Il ne faut pas qu'il renferme du plâtre, du sable, du spath pesant ou de l'outremer.

Le smalt est employé par les peintres en détrempe pour barbouiller les murailles, il sert aussi aux fabricants de papiers peints. Le vernisseur s'en sert pour saupoudrer un fond à l'huile et dans ces derniers temps on a combiné pour en faire des enduits le smalt avec le verre soluble.

6. *Bleu de montagne, bleu anglais, bleu de chaux, bleu de cuivre, bleu de Nemrod.* — On obtient naturellement ces bleus en pulvérisant le kupfer-glasur (bleu de montagne, cuivre car-

bonaté bleu) ou artificiellement en précipitant une solution d'azotate de cuivre par de la chaux en poudre. Le premier bleu est un carbonate basique de cuivre, le second un hydrate d'oxyde de cuivre et du carbonate de chaux. On s'en sert comme couleur à l'eau ou à fresque, plus rarement comme couleur à l'huile. L'hydrogène sulfuré le détruit et il est vénéneux.

7. *Outremer.* — On prépare l'outremer naturel avec la lazulite et celui artificiel en calcinant ensemble, suivant des proportions déterminées, de la terre à porcelaine, du soufre et du carbonate de soude. On trouve dans le commerce de nombreuses sortes d'outremer qui fournissent de belles couleurs à l'eau ou à l'huile, solides et non vénéneuses.

Section IV. — COULEURS JAUNES.

1. *Jaune de chrome.* — On le prépare en précipitant une solution dans l'eau de sucre de saturne (acétate neutre de plomb) par une solution aussi dans l'eau de chromate de potasse, recueillant le précipité, lavant et faisant sécher à une douce chaleur. C'est un chromate neutre de plomb. Si au précipité on ajoute un peu d'alcali libre, la couleur jaune tire un peu sur l'orangé, et constitue alors un chromate basique de plomb. On connaît au moins trente sortes de jaune de chrome qu'on distingue par les noms de jaune de Paris, jaune de Leipzig, jaune impérial, jaune royal, jaune nouveau, etc.

Il y a des jaunes plus ou moins intenses qui

constituent de belles couleurs solides à l'huile ou à l'eau, mais sont vénéneuses.

2. *Jaune minéral, jaune de Cassel.* — On le prépare en faisant fondre ensemble 10 parties d'oxyde de plomb (minium ou céruse) avec une partie de sel ammoniac (chlorure d'ammonium).

Le jaune ainsi préparé forme une masse de cristaux feuillés ou rayonnés, qui, broyés, donnent une poudre dont la nuance varie du jaune d'or au jaune de soufre. On se sert dans les arts de cette préparation qui est vénéneuse comme couleur à l'huile, à l'eau et à fresque.

3. *Jaune de Naples.* — Préparé avec une partie de tartre émétique ou tartrate de potasse et d'antimoine, 2 parties d'azotate de plomb et 4 parties de sel marin qu'on expose pendant deux heures à une chaleur rouge, délayant la masse dans l'eau, lavant le précipité, le séchant à une douce chaleur. On obtient ainsi une poudre jaune orangé, un antimoniate de plomb qui est le jaune de Naples. C'est une excellente couleur à l'huile, solide mais vénéneuse.

4. *Stil de grain.* — On l'obtient en faisant bouillir le genet des teinturiers ou nerprun purgatif ou la gaude avec de l'eau de chaux, ajoutant à la dissolution de l'alun ou de la craie, évaporant presque à siccité et formant des boules avec le résidu. C'est une couleur terreuse qu'on emploie en détrempe dans la peinture en décors et dont on se sert aussi comme couleur à l'huile ou à glacer sur bronze et argent.

5. *Ocre jaune, terre jaune de Sienne.* — On dis-

tingue des ocres jaune clair et des ocres jaune foncé. Les premières sont exploitées dans diverses localités, et les secondes se recueillent dans les ruisseaux voisins des mines de fer où on le nomme quelquefois *ocre d'or*. C'est une argile colorée par de l'oxyde de fer, depuis le jaune-brun jusqu'au jaune rougeâtre. Dans le commerce on trouve aussi des ocres rouges ou calcinées et lavées qui constituent une couleur économique, non vénéneuse et solide tant à l'huile qu'à l'eau ou à fresque.

On imite l'*ocre de rue* en mélangeant à de l'ocre jaune une pointe de noir d'ivoire et un peu de bleu.

6. *Orpiment, sulfure jaune d'arsenic.* — On le trouve dans la nature en morceaux qui sont constitués par une aggrégation de cristaux rayonnants, ou en poudre, depuis le jaune citron jusqu'au jaune rougeâtre.

On prépare l'orpiment, artificiellement, en sublimant de l'arsenic avec un peu de soufre. Cet orpiment a une couleur plus claire et est bien plus vénéneux que le premier.

L'orpiment sert dans les arts à préparer des couleurs à l'huile à l'eau et à fresque.

7. *Outremer jaune.* — Se prépare en précipitant une solution de chlorure de barium dans l'eau par une solution aussi dans l'eau de chromate de potasse, recueillant le précipité, lavant et faisant sécher à une douce température.

Ainsi préparé, l'outremer jaune est une poudre jaune (chromate de baryte) faiblement vénéneuse qui fournit une bonne couleur à l'huile, à l'eau et à fresque.

8. *Gomme-gutte.* — Cette substance, qui est un produit naturel, s'emploie à l'eau et est assez vénéneuse.

9. *Jaune de cadmium, sulfure de cadmium.* — On le prépare en combinant ensemble des solutions aqueuses d'un sel de cadmium et d'acide hyposulfurique.

Il se présente sous la forme d'une poudre jaune citron foncé, qui fond à une température élevée et après le refroidissement est en écailles jaunes translucides. Cette poudre se dissout aisément dans l'acide chlorhydrique en dégageant de l'acide hyposulfurique. On s'en sert dans la peinture à l'huile et dans l'art du vernisseur.

Section V. — COULEURS VERTES.

1. *Vert de Scheele, vert minéral, vert de Suède.* — On le prépare en précipitant une solution dans l'eau de sulfate de cuivre par une solution aussi dans l'eau d'arséniate de potasse, recueillant le précipité, lavant et faisant sécher à une douce chaleur.

L'arséniate de cuivre ainsi obtenu se présente en pains vert foncé, moins colorés à la surface et est une couleur très-vénéneuse.

2. *Vert de Schweinfurt, vert de Vienne, vert mitis, vert anglais.* — Parmi les nombreux moyens employés pour préparer ce vert, le plus simple consiste à introduire peu à peu du vert-de-gris dans une solution bouillante d'acide arsénieux.

Le précipité ainsi obtenu est recueilli sur un filtre, lavé et séché. Suivant la manière de manipuler, le précipité est ou non cristallin. Dans le premier cas c'est le vert de Schweinfurt, dans le second le vert anglais qui a moins de feu mais couvre mieux.

Ces verts clairs sont des couleurs très-vénéneuses qui trouvent un emploi dans l'art du vernisseur.

3. *Vert-de-gris.* — Ce vert-de-gris est une couleur bien connue, qu'on fabrique principalement dans le midi de la France, en déposant dans des vases en grès, en couches alternatives, des plaques de cuivre et des marcs frais de raisin, et laissant en contact jusqu'à ce que le tartrate de cuivre, qui commence par se former, soit converti en acétate basique qu'on gratte sur les plaques.

Le vert-de-gris se présente en masses imparfaitement cristallisées assez dures, d'un vert particulier, virant plus ou moins au bleuâtre, renfermant parfois des impuretés, par exemple des débris de marc de raisin et même aussi du cuivre métallique. Sa saveur est repoussante et métallique. Il n'est qu'en partie soluble dans l'eau, mais les acides concentrés le dissolvent entièrement. On ne s'en sert que rarement dans l'art du vernisseur.

4. *Vert-de-gris distillé, acétate neutre de cuivre, verdet.* — On l'obtient en dissolvant une quantité quelconque d'hydrate d'oxyde de cuivre dans une quantité suffisante d'acide acétique de force modérée et évaporant la solution jusqu'au point où elle cristallise.

L'acétate neutre de cuivre cristallise en prismes à quatre pans translucides, vert-bleu foncé; il se dissout dans 14 parties d'eau froide et 5 d'eau chaude. Le vert-de-gris distillé du commerce se présente la plupart du temps en gros cristaux dont la surface est presque toujours délitée et recouverte d'une couche opaque vert-bleu. Ces deux sortes sont des poisons violents. Ce dernier est employé parfois comme azurage sur l'or et l'argent dans l'art du vernisseur.

5. *Vert de chrome (cinabre vert).* — On le prépare en mélangeant du jaune de chrome avec du bleu de Paris, ou du jaune de chrome avec de l'hydrate d'alumine récemment précipité et la quantité nécessaire de bleu.

Sous le nom de cinabre vert, M. Fröhlich a décrit le produit qui suit. On dissout dans l'eau bouillante

Sulfate de fer . . . . 0 kil. 120

on filtre à travers une toile, et la liqueur filtrée est précipitée par une solution dans l'eau de

Cyanoferrure de potassium. . . . 0.150

et combinée avec une solution concentrée de

Alun. 0.500

ou bien

Craie finement lévigée. 0.125

Il y a effervescence, et quand celle-ci est apaisée on ajoute encore à la liqueur

Chromate de potasse. 0.185

et on précipite avec

Acétate neutre de plomb. 1.000

On recueille ce précipité, on le lave, on le fait sécher à une douce chaleur, et on le broie finement.

On emploie avec avantage cette couleur dans l'art du vernisseur.

6. *Outremer vert.* — On le prépare comme l'outremer bleu, mais par un tour de main particulier. On le trouve dans le commerce à l'état pulvérulent et il fournit une bonne couleur à l'huile et à l'eau.

7. *Vert de Brême, vert bleuâtre.* — Pour le préparer, on précipite un solution aqueuse de sulfate de cuivre par une solution de potasse caustique renfermant encore du carbonate de potasse. Le précipité qu'on obtient est mélangé à du sulfate de chaux et introduit ainsi dans le commerce sous la forme de morceaux légers de couleur vert-bleu. Avec l'huile siccative, cette couleur donne des enduits verts, et avec la colle animale des enduits bleus.

8. *Vert de Braunschweig, bleu de montagne.* — Préparé en précipitant une solution de sulfate de cuivre par une solution aqueuse de carbonate de potasse ou de soude, recueillant le précipité, lavant à l'eau chaude, ajoutant du sulfate de chaux pour mouler en tablettes (vert de Braunschweig). Si on laisse le produit sous la forme de grains qui s'émiettent, on produit le vert de montagne du commerce.

On emploie ces deux couleurs à l'huile et en détrempe dans l'art du vernisseur.

9. *Terre verte, terre de Vérone, vert de pierre.*

— C'est un produit naturel qui consiste en un silicate de protoxyde de fer avec potasse et magnésie. On trouve cette couleur dans le commerce à l'état brut et l'état lavé qui produisent des nuances vert olive. Non vénéneuse.

On s'en sert comme d'une couleur très-solide à l'huile en détrempe et au pastel.

Section VI. — COULEURS BRUNES.

1. *Terre d'ombre.* — La terre d'ombre consiste en oxyde de fer, hydrate d'oxyde de manganèse avec de la silice et de l'argile.

La terre d'ombre arrive en morceaux dont la couleur varie depuis le brun de foie jusqu'au brun marron, et qui deviennent pâteux quand on les mouille. Si on la calcine, elle prend des nuances brun-noir foncé, et est alors connue sous le nom de *terre d'ombre de Hollande.*

Toutes les espèces fournissent une couleur non vénéneuse qui s'emploie à l'huile, à l'eau et à fresque. L'ocre brune, colorée par l'oxyde de fer ou son hydrate, est une couleur d'application connue, dans le commerce, sous le nom de *terre de Sienne.*

2. *Terre de Cologne, brun de Cassel, lignites terreux.* — La terre de Cologne est purifiée par lévigation et moulée en tablettes carrées. C'est une couleur brun foncé non vénéneuse qu'on peut employer à l'eau, à l'huile et à fresque.

Section VII. — COULEURS BLANCHES.

1. *Céruse, carbonate de plomb.* — On trouve

décrit les divers modes de fabrication de la céruse dans le premier volume du *Manuel du Fabricant de Couleurs*. On ajoutera seulement ici que c'est une couleur vénéneuse qu'on emploie à l'huile et à l'eau.

Avec une légère addition de bleu de Berlin, on obtient le *blanc perle*, et de noir de fumée fin le *gris d'argent*.

2. *Craie, blanc de Vienne, blanc marbre.* — Carbonate de chaux naturel qu'on broie et lave, et fournit des couleurs non vénéneuses à l'huile et à l'eau.

3. *Spath pesant, sulfate de baryte, blanc fixe.* — Produit naturel ou artificiel qu'on trouve brut ou lavé dans le commerce et qu'on emploie à l'eau ou à l'huile.

4. *Blanc de zinc, oxyde de zinc.* — On le prépare en grand en France, où le commerce le livre sous la forme d'une poudre sèche, légère, d'un blanc éclatant. Pour l'appliquer, il faut le délayer dans l'huile siccative d'œillette. C'est une couleur assez appréciée et un peu vénéneuse, mais qui n'est pas assez nerveuse pour la peinture des équipages.

5. On appelle *blanc d'ivoire* un blanc quelconque auquel on ajoute une pointe de jaune de spooner.

Section VII. — EMPLOI DES COULEURS POUR VERNISSAGES.

Quand on veut, dans l'art du vernisseur, employer les couleurs qui viennent d'être décrites, il est nécessaire de les diviser mécaniquement. C'est ce qu'on opère en les broyant sur une pierre ou un marbre avec une molette et une addition, suivant l'emploi qu'on veut en faire, d'eau, d'essence de térébenthine, d'huile de lin, d'huiles de lin ou d'œillette rendues siccatives, afin de les transformer en une pâte molle qu'on mélange ensuite, avant de s'en servir, avec les excipients nécessaires (eau, huiles ou essences). Les couleurs qui ne se broient qu'avec difficulté à l'huile, le sont d'abord finement à l'eau, puis on les fait sécher avant de les broyer à l'huile.

Pour les couleurs blanches, il faut avoir des marbres et des molettes particulières, parce que les couleurs sont ternies très-aisément par les autres et ne peuvent plus servir comme blancs purs. On nettoie les marbres et les molettes avec l'essence de térébenthine ou avec l'eau seulement pour les couleurs broyées à l'eau.

Section IX. — MÉLANGE DES COULEURS.

A l'aide du mélange des couleurs indiquées ci-dessus, on peut produire des rouges, des jaunes, des bleus, des verts, des gris et des bruns d'une variété infinie de nuances et de tons. Un artiste vernisseur doit bien connaître la composition de ces mélanges qui exigent, dans tous les cas, une expérience propre et de la pratique. Voici néanmoins quelques compositions ou mélanges indiqués par Miller.

1. *Rouge rosé.* — Mélange de laque carminée et de blanc fixe.

2. *Rouge de chair*. — Mélange de cinabre, de blanc fixe et d'un peu de jaune de Naples.

3. *Violet*. — Mélange de laque carminée, de blanc et de bleu.

4. *Gris cendré*. — Mélange de blanc et de noir et une pointe de bleu de Prusse.

5. *Gris pierre*. — Mélange de blanc fixe, bleu de Paris, cinabre, laque carminée et noir de vigne.

6. *Gris perle*. — Mélange de blanc fixe et d'indigo.

7. *Bleu-violet*. — Mélange de bleu de Paris, de blanc et de laque carminée.

8. *Bleu lilas*. — Mélange de bleu de Berlin, de blanc et de laque carminée.

9. *Vert gazon*. — Mélange de cinabre vert, de bleu de Paris et de jaune de chrome.

10. *Vert de mer*. — Mélange de céruse, de bleu de Paris et de jaune de chrome.

11. *Vert impérial*. — Se compose de vert émeraude et de noir d'ivoire.

12. *Vert d'eau*. — Vert métis très-clair et céruse.

13. *Vert olive*. — Mélange de jaune, d'indigo et de blanc.

14. *Vert bronze*. — Mélange de jaune, d'indigo (ou de bleu de Paris) et de noir.

15. *Jaune*. — Mélange de blanc, de rouge, de chrome et de cinabre. On peut produire cette couleur en nuances les plus variées.

16. *Chamois*. — Mélange de jaune de chrome ou d'ocre jaune, de cinabre et de blanc.

17. *Café au lait.* — Céruse mélangée avec ocre jaune et un peu de bitume.

18. *Nankin.* — Mélauge de céruse, d'ocre jaune et d'un peu de terre de Sienne ou de laque rosée.

19. *Jaune bouton d'or.* — Mélange de jaune de chrome et de rouge de chrome.

20. *Jaune orangé.* — Mélange de jaune de chrome et de cinabre.

21. *Jaune citron.* — Mélange de jaune bouton d'or et d'une parcelle de bleu et du blanc, si on veut une nuance claire.

22. *Jaune paille.* — Mélange de jaune clair de chrome dit serinet, de céruse.

23. *Jaune de feu.* — Jaune de chrome clair et terre de Sienne.

24. *Brun.* — Mélange de laque carminée, de jaune de chrome et de noir d'os, ou bien de cinabre, d'ocre jaune et de noir de fumée, ou bien encore de rouge d'Angleterre, d'ocre d'or et de noir de fumée.

25. *Brun éclatant.* — Mélange de terre d'ombre, de laque carminée et de cinabre.

26. *Brun Van Dick.* — Mélange de noir d'ivoire ou de noir de fumée, et un peu de Japon anglais.

27. *Brun carmélite.* — Brun Van Dick et noir de fumée auquel on donne un ton riche par la charge de vernis.

28. *Brun terre d'ombre brûlée et naturelle.* — Couleurs naturelles auxquelles on donne des tons divers en les mélangeant avec des matières de choix.

Bronzage. 20

29. *Noir aile de corbeau.* — Noir d'ivoire, bleu de Prusse et pointe de terre d'ombre brûlée.

30. *Tête de nègre.* — Noir d'ivoire, vert fin foncé, un peu de vermillon.

31. *Noir fumée de Londres.* — Noir d'ivoire, un peu de jaune orangé, une pointe de terre d'ombre naturelle et un peu de Japon.

CHAPITRE IV.

Travail du vernissage.

Sous cette dénomination générale de vernissage, on comprend l'art de recouvrir les matières les plus variées, telles que les bois, la pierre, le fer, l'ivoire, les os, le cuir, les terres cuites, les tôles, etc., d'abord d'une couleur quelconque, de poncer, unir cette couleur, puis de la recouvrir d'un vernis qui donne à la couleur de la transparence et de l'éclat et en rehausse l'agrément.

Dans une acception moins étendue, on entend seulement l'art de recouvrir simplement les objets d'un vernis. Quant à nous, nous nous bornerons dans ce petit Manuel à poser les principes généraux du vernissage, et nous indiquerons les applications qu'on peut en faire sur les bois et les métaux, principes, toutefois, qui s'appliquent au vernissage de toute sorte d'objets.

Section I. — PRINCIPES GÉNÉRAUX.

Les objets qu'on se propose de vernir reçoivent, ainsi qu'on l'a déjà dit, une couleur de fond qu'on appelle simplement fond. Ce fond consiste en une ou plusieurs couches de couleur à l'huile, suivant la nature de la pièce à vernisser. Avant d'entreprendre de poser ce fond, il faut d'abord nettoyer comme il faut les objets, ce qu'on fait en les frottant avec la pierre ponce, les polissant avec de l'eau et une pierre ou en y promenant un pinceau à plume, un houssoir, etc. Toute couche de fond doit d'abord être parfaitement sèche avant d'en appliquer une seconde, et on doit apporter le plus grand soin à ce que ces couches soient appliquées dans un local où il ne voltige aucune poussière. Après la dessiccation, la couche de couleur à l'huile est poncée, c'est-à-dire frottée avec la pierre ponce en poudre et la prêle, puis nettoyée. Cette dernière opération s'exécute par des lavages à l'eau pure au moyen d'une éponge.

Si les objets doivent recevoir des décorations, des ornements, par exemple des peintures, des dorures, des argentures ou des bronzages, on les applique après la dernière couche de fond, et il faut, de même, qu'ils soient suffisamment secs avant de poser le vernis. Puis vient la première couche de vernis qui doit tout particulièrement faire ressortir les décorations qui ont été appliquées. Lorsque cette première couche est sèche et tout à fait dure, on la polit légèrement avec la pierre ponce en poudre et un feutre, puis on lave. Alors on applique la seconde couche de vernis. Si le vernissage doit, en outre, être poli, il est superflu d'ajouter que la dernière couche de vernis doit être bien sèche et dure avant d'entreprendre cette opération, si on veut que ce poli prenne un bel éclat.

Nous allons entrer dans quelques détails sur chacune des opérations dont se compose le vernissage.

1. *Fond*. — Ce fond se donne avec un ou plusieurs enduits de couleurs à l'huile qui, chacune, doit y être appliquée suivant la nature de l'objet. Mais une règle fondamentale à ce sujet, est que la couche qui en suit une autre soit toujours appliquée en direction contraire de celle qui la précède, et, en outre, quand il s'agit du bois, on doit faire remarquer que la première couche, qu'on appelle impression, ne doit pas être trop épaisse, qu'il faut la donner dans la direction des fibres du bois et que la couleur pénètre bien dans les pores de celui-ci. En appliquant les couches en croix on évite les inégalités si fréquentes dans la pose du fond. Les fonds se posent à la brosse.

2. *Ponçage du fond*. — Cette opération s'exécute avec une pierre ponce unie et de l'eau, et pour les objets fins et délicats, on remplace l'eau par l'huile de lin. Il faut un certain exercice pratique pour que le ponçage ou les traits ne soient pas plus profonds dans un point que dans un autre, et, par conséquent, il ne faut pas se borner à promener la pierre suivant une seule direction, mais, comme quand on broie les couleurs, opérer en tournant afin que tous les points soient atteints uniformément et avec une même pression. Quand l'opération est terminée, on nettoie bien la pièce avec une éponge imbibée d'eau. On la

frotte avec une peau de mouton garnie de sa laine, et on la fait sécher. Il faut éviter de se servir des chiffons de laine, parce qu'il n'est pas possible d'obtenir ainsi un fond pur.

3. *Peinture.* — La peinture s'applique avec une brosse fine, et pour les objets délicats et soignés, avec un pinceau de poil de loutre. Les couleurs dont on fait usage dans cette opération ont besoin d'être broyées très-finement, bien homogènes et maigres, c'est-à-dire ne pas être appliquées sur une trop forte épaisseur. Pour donner à ces couleurs d'enduit l'épaisseur la plus uniforme possible, on promène dessus le pinceau à fondre les couleurs, qui se compose de poils très-fins. On mélange à ces couleurs un peu de vernis afin d'obtenir un enduit plus égal. On comprend aisément que pour les objets qu'on charge de plusieurs couches d'une même peinture, on prépare d'abord en quantité suffisante, toute la couleur dont on a besoin pour toutes les couches, car quand on recouvre une couche d'une autre plus claire ou plus foncée, ce qu'il est à peu près impossible d'éviter, quand on prépare à part la couleur de chaque couche, le ponçage qui suit met à jour deux tons de fond, parce que la couche inférieure ressort en certains points, et par conséquent, donne lieu à un fond diversement nuancé. Ainsi qu'on l'a déjà dit, les couches de peinture ont besoin d'être bien sèches avant de poncer ou adoucir la peinture.

4. *Ponçage de la couleur.* — Le ponçage de la couleur se donne avec la prèle et un pâte de

pierre ponce. Dans cette opération, il faut apporter tous ses soins pour faire disparaître toutes les inégalités, mais, toutefois, sans enlever la peinture, ce qui nécessiterait une nouvelle application. Après cet adouci les pièces à vernir sont alors lavées à l'eau pure et séchées avec une peau douce et elles sont prêtes à recevoir les décorations, les peintures, etc.

5. *Vernissage.* — Il faut, avant tout, que le local dans lequel on exécute ce travail, qui est extrêmement délicat, soit parfaitement exempt de poussière, il ne faut pas y exercer beaucoup de mouvements, et, par conséquent, réunir dans un point un trop grand nombre d'ouvriers dont les allées et venues soulèvent toujours de la poussière. Le vernis lui-même dont on se sert, qu'il soit à l'huile ou à l'alcool, doit être conservé dans des vases en verre, en porcelaine ou en métal fermant hermétiquement, et qu'on n'ouvre qu'au moment de s'en servir. Les outils dont on se sert pour appliquer ces vernis sont des brosses, des blaireaux ou des pinceaux de loutre. Ils doivent avoir une grosseur proportionnée à celle de l'objet à vernir, mais il faut éviter de les prendre trop petits, afin que le travail marche avec toute la célérité possible. Après s'en être servi, on les lave dans l'essence de térébenthine et on les enveloppe dans du papier. Si un pinceau s'est desséché, il faut le réformer entièrement, néanmoins on peut le ramollir dans l'essence de térébenthine légèrement chaude, mais jamais il ne recouvre sa première qualité.

L'art d'appliquer les vernis exige beaucoup de pratique et d'habileté, et à cet égard on ne peut indiquer que quelques règles générales.

Les principales sont que le travail marche avec célérité, qu'on ne touche pas deux fois le même point, qu'on dirige toujours le pinceau dans le même sens, de ne pas prendre en une fois trop de vernis avec le pinceau pour ne pas donner lieu à des inégalités. Les vernis à l'huile s'appliquent dans un local à la température ordinaire et non pas chauffé; ceux à l'alcool, au contraire, seulement dans un local chaud. On ne pose pas directement le vernis à l'alcool qu'on veut appliquer sur le feu, mais dans un vase en fer-blanc qu'on plonge dans l'eau chaude. C'est surtout avec les vernis à l'alcool qu'il faut procéder avec des précautions particulières, et ne les appliquer que dans une chambre chauffée, sur les objets à vernir qu'on a fait chauffer eux-mêmes. Il faut même se garder de souffler ou de respirer dessus, parce que le vernis se gerce alors promptement.

Ainsi qu'on vient de le dire, il ne faut pas que les vernis soient appliqués trop épais, et dans aucune circonstance sous des épaisseurs diverses, parce qu'il en résulterait des gerçures ou des bulles indépendamment de l'inégalité du travail.

En général, deux couches de vernis à l'huile et trois de vernis à l'alcool sont bien suffisantes, mais si la pièce vernissée doit en outre être polie, il devient nécessaire de porter le nombre des couches à quatre pour les vernis gras et à cinq pour ceux à l'alcool. Lorsque les vernis à l'huile doivent être polis, il faut après chaque couche les poncer avant d'en appliquer une nouvelle.

6. *Ponçage du vernis.* — Le ponçage du vernis a pour but de faire disparaître toutes les inégalités qu'il peut présenter. On conçoit très-bien que cette opération exige une main fort exercée. Dans aucune circonstance, on ne peut supprimer le ponçage, parce que les objets vernissés manqueraient d'aspect ; au contraire, il doit être adouci au point que sa surface ressemble à une glace.

7. *Polissage.* — Sous la dénomination de polissage des vernis, on entend une opération qui est destinée à leur donner l'éclat le plus brillant qu'il est possible de leur faire prendre.

Quand les vernis gras doivent être polis, on commence par les poncer légèrement avec de la pierre-ponce réduite en poudre extrêmement fine, puis on les frotte pendant longtemps et doucement avec de la corne de cerf brûlée à blanc ou de l'écaille d'huître calcinée et préparée qu'on a démêlées dans l'eau au moyen d'un petit tampon jusqu'à ce que la corne brûlée ou la coquille d'huître deviennent sèches, et que l'objet vernissé ait pris le plus grand éclat. Lorsque cette opération est terminée, on met un peu de graisse de cerf sur les tampons dont il a été question, on frotte de nouveau, puis ensuite avec de la poudre à poudrer qui enlève la matière grasse qu'avait laissée la graisse de cerf. La pièce a acquis alors un très-grand éclat. Le principal soin qu'on ait à prendre, c'est de bien examiner et analyser ces poudres de corne de cerf et d'écaille d'huître, et d'en éliminer attentivement quelques grains de sable qui peuvent s'y trouver mélangés, parce qu'ils ont un effet très-funeste sur le vernis qu'ils raient et détériorent entièrement.

Les vernis à l'alcool sont polis exactement comme ceux à l'huile et d'après les mêmes principes.

Suivant la nature de l'objet, le fond et le ponçage du vernis varient, ainsi que nous allons l'expliquer ci-après.

8. *Matières employées dans le ponçage des vernis.* — Ces matières consistent principalement en pierre-ponce, en morceaux ou pierre-ponce brute, pierre-ponce réduite en poudre extrêmement fine et soumis à une lévigation, tripoli, émeri lavé, poudre d'os (corne de cerf et coquille d'huître préparées), craie lavée, prêles, feutre, chiffons de laine, peau et chiffons de toile.

Section II. — VERNISSAGE DES OBJETS EN BOIS,
VOITURES, MEUBLES, ETC.

Voici les règles qu'il est nécessaire d'observer et de suivre rigoureusement dans ce genre de travail.

1. *Examen de l'objet.* — D'abord les caisses de voitures que le fabricant reçoit du menuisier, et qui doivent être peintes et vernies, sont examinées avec beaucoup de soin, et dans le cas où elles présentent des fissures, des fentes, des crevasses dans les parties apparentes de la caisse, le

premier travail du peintre en voiture est de les faire disparaître.

A cet effet, on prépare à chaud une dissolution de colle forte, on prend de l'étoupe bien défilée et ouverte, on la plonge dans la colle, et on en remplit et bourre les fentes et les crevasses. On laisse sécher complétement et on enlève ensuite toute la colle superflue.

Aussitôt que cette opération est terminée et que toutes les parties en question de la caisse ont été bien unies, on commence l'opération suivante.

2. *Impression à l'huile de lin siccative.* — L'impression à l'huile de lin et à la céruse a pour but de s'opposer à la pénétration de l'humidité. On étend l'huile partout aussi également qu'il est possible, et aussitôt que la première couche est sèche, on en applique une seconde.

3. *Rebouchage.* — Si dans les panneaux on remarque des creux, des trous, des dépressions, il faut les combler et puis unir, ce qui s'exécute avec le mastic à reboucher (1). Lorsque ce mastic est entièrement sec, on applique le fond.

4. *Couches d'apprêt.* — Les couches d'apprêt se composent d'un mélange d'ocre jaune finement broyée non lavée, de terre d'ombre aussi broyée fin, d'huile de lin, d'essence de térébenthine, de litharge ou de blanc de céruse, et de vernis au copal dans des rapports tels, que la masse tout

---

(1) Suivant Miller, ce mastic se compose de craie, ocre, litharge, parties égales d'huile de lin et d'essence de térébenthine avec un peu de vernis au copal.

entière peut s'étendre et s'appliquer au pinceau, sans toutefois être trop fluide. Les trains et les caisses reçoivent ces couches d'apprêt, et aussitôt que la première couche est sèche, on en applique successivement jusqu'à six ou sept les unes sur les autres, en ayant soin toutefois de n'en donner une nouvelle qu'après que la précédente est complétement sèche. On reconnaît que cette dessiccation est complète avec l'ongle qui ne doit y laisser aucune marque, car dès qu'il y pénètre encore, cette dessiccation n'est pas encore parvenue à son terme. Parfois on mélange avec la dernière couche de la pierre ponce en poudre très-ténue. Le fond devient ainsi grenu et le ponçage de la pièce en est plus facile.

5. *Ponçage des couches d'apprêt.* — Le ponçage s'opère avec des pierres ponce caverneuses et fibreuses dont un côté a été uni sur une tuile. On se sert pour cela de plusieurs pierres, les unes rondes, les autres anguleuses, les autres plates. Il faut veiller, dans cette opération, à ce que la pierre ponce soit toujours vive et mordante, et si elle devient paresseuse, on la frotte avec une autre pierre ponce ou sur la tuile jusqu'à ce qu'elle ait repris tout son mordant.

Dans le ponçage des panneaux, il faut faire attention qu'il n'y ait pas un seul point qui reste sans être poncé, en conséquence on lave tous les points où l'on a passé la pierre avec de l'eau pure, afin de pouvoir observer s'ils ont été suffisamment poncés, ou s'assurer si l'on doit interrompre ou poursuivre ce travail. Le fond doit être aussi uni que du verre, et après l'avoir lavé, on le sèche bien avec une peau. On prend de grosses pierres ponces pour les panneaux et de petites pierres pour les coins, les rainures, etc. On se sert de pierres tendres pour poncer les apprêts durs, et de pierres dures pour les apprêts tendres.

Les ponçages commencent par l'impériale, puis ensuite les panneaux de cuir. On frotte de long et de large à grands coups.

Les trains se poncent aussi à l'eau, mais quelquefois, pour accélérer le travail, on ponce à l'essence et au papier de verre ; mais ce dernier arrache et égratigne le blanc au lieu de l'unir.

6. Couche de fond et son application. — Cette couche est composée de céruse ou de blanc de Krems, avec un mélange d'huile siccative et d'essence de térébenthine, un peu de litharge en poudre très-fine et de vernis au succin.

On donne une ou deux couches avec cette couleur qui ne doit pas être appliquée trop épaisse. On ne peut pas non plus ici appliquer la seconde couche avant que la première ne soit bien sèche.

A Paris, la première couche de fond, dite première couche de gris, se compose, pour les fonds jaunes, de céruse et d'huile de lin broyée finement, à laquelle on ajoute un peu de noir de fumée pour lui donner une teinte grise, un peu d'essence et de siccatif. Elle s'applique avec un grand blaireau pour les grands panneaux, et un petit blaireau pour les petites parties et les feuillures.

Si la caisse doit être rouge, on ajoute à la céruse un peu de vermillon.

7. *Rebouchage sur couche de gris.* — On rebouche avec du mastic au vernis les trous de clous et les défauts du bois, et les feuillures avec du mastic à l'huile.

8. *Ponçage des mastics.* — Le meilleur ponçage des mastics sur première couche de gris s'opère avec des pierres ponces de différentes natures, une éponge, une peau de chamois et une tuile. On pouce jusqu'à ce qu'on ait fait disparaître toutes les inégalités. On lave les pièces poncées avec l'éponge et on sèche avec la peau de chamois. Quand les mastics sont poncés, on frotte l'extérieur de la caisse au papier de verre usé ou très-fin pour égrener les aspérités de la couche de gris produites par le ponçage, mais en épargnant les mastics qu'on pourrait rayer, et on procède à l'application des couches de teinte. Mais auparavant on lui donne une couche légère de noir de fumée pour la préparer à recevoir les fonds noir d'ivoire, bruns, bleu foncé, marron, vert foncé, et généralement toutes les teintes sombres, ou une couche blanche pour les jaunes, rose pour les rouges, grise pour le vert clair et le bleu clair.

9. *Application des couches de teinte.* — Les couleurs que les voitures doivent présenter, ont besoin d'être broyées très-finement avec un mélange d'huile de lin siccative et d'essence de térébenthine; on n'y ajoute aucun siccatif, et il faut avoir soin de les garantir en tout temps contre la poussière. Quand il s'agit de les étendre sur les pièces,

Bronzage. 21

on y ajoute du vernis au succin ou au copal, et on donne de deux à trois couches de cette couleur. Dans le cas où la couleur doit recevoir un glacis, deux couches, trois au plus sont suffisantes; on les pose l'une après l'autre; lorsqu'elles sont sèches, on les ponce et on applique deux à trois couches de ce glacis. A cet effet, le glacis est broyé très-fin avec du vernis gras et de l'essence de térébenthine, on laisse reposer et déposer de manière que la partie supérieure seule paraisse être un vernis coloré. On doit avoir soin d'appliquer ces glacis très-uniformément, et quand on a bien opéré et qu'ils sont bien secs, ils doivent apparaître comme un miroir sur la couleur.

10. *Polissage des couches de teinte.* — On se sert pour cela de la prèle et de la pierre ponce en poudre très-fine, et plus tard de feutre ou de drap et de poudre de pierre ponce. Cette opération a pour but d'unir les inégalités qui peuvent encore exister. Aussitôt que toutes les parties ont été poncées fin, on les lave à l'eau pure, on les essuie avec une toile ou une peau de chamois, et on procède à la décoration.

11. *Rechampissages.* — Les rechampissages et les décorations consistent, en général, en filets larges ou déliés de couleurs diverses, bandes ou bordures dorées et armes. Les couleurs dont on se sert pour les filets ou les encadrements sont, en général, broyées finement avec l'huile siccative et l'essence de térébenthine auxquelles on ajoute un peu de sous-acétate de plomb broyé fin.

L'application se fait avec ce qu'on appelle des pinceaux à filets, et exige beaucoup de dextérité et une main très-sûre.

Pour les armes et un fond or, il faut broyer de l'ocre jaune le plus finement lévigée avec un peu de céruse, avec du vernis d'huile de lin déjà vieux bien clair et pas trop consistant. Ce mélange étant appliqué, on le laisse sécher dix-huit à vingt heures, et l'enduit est en état de recevoir la dorure.

Toutes les peintures doivent être lisses et unies, autrement elles éprouveraient des avaries au ponçage du vernis.

12. *Vernissage en dernier ressort.* — Aussitôt que les rechampissages, application des ornements et autres peintures sont bien sèches, on passe dessus les caisses ou trains une peau humide et du blanc d'Espagne pour enlever la poussière, puis on les enduit rapidement avec le vernis à finir. On répète cette application deux à trois fois, et lorsque le vernis est suffisamment sec dans l'atelier, on expose la voiture à l'air et au soleil, en la retournant fréquemment pour qu'elle sèche bien uniformément.

Après que la dernière couche de vernis est parfaitement sèche, on procède au polissage.

13. *Ponçage et polissage de vernis.* — Ce ponçage s'opère avec de la pierre ponce réduite en poudre excessivement fine et soumise à la lévigation, et un morceau de feutre ou de peau brute, et quand le travail est terminé, on procède à la dernière opération.

14. *Dernière couche de vernis.* — Cette dernière couche se donne par traits vifs et bien uniformes et n'a pas besoin d'être poncée.

Vernissage des meubles, étuis, instruments, etc.

Voici quelles sont les opérations qu'exige ce genre de travail.

1. *Objets en bois qui doivent être vernis.* — Une règle générale, c'est que les pièces terminées avec soin soient ensuite convenablement unies et polies à la pierre ponce et à la prêle. Puis on en rebouche tous les points défectueux avec un mastic composé avec de la sciure de bois et de la colle-forte, et on enlève avec le plus grand soin tout ce qui est superflu. Pour cela on se sert d'un grattoir, d'une lame, et après avoir opéré comme il convient, on polit avec une pierre ponce de la forme exigée. Il est nécessaire, quand on frotte avec de la ponce en poudre, qu'il n'y ait pas un seul point qui ne soit touché, et plus tard avec la prêle, ce qui rend bien uniformes tous les points de la pièce.

Une fois que la surface fondamentale est préparée et poncée, il faut considérer les conditions suivantes :

a. Si la couleur naturelle du bois doit subsister, on procède immédiatement à l'application d'une ou plusieurs couches de vernis qu'on laisse tel qu'il est ou qu'on ponce, puis on applique encore une dernière couche qu'on polit.

b. Si les objets ont besoin d'être colorés, on leur

donne la couleur nécessaire au moyen des compositions indiquées à la page 227 et suivantes. Après que la composition est sèche, on l'enduit d'un vernis incolore dont on applique au besoin de 4 à 5 couches, et on polit l'objet.

c. Les objets en bois peuvent préalablement être enduits de colle-forte ou d'une couche d'huile siccative, puis être chargés de vernis de la couleur la plus variée.

d. La madrure des objets vernissés se donne soit à la colle, soit à l'huile siccative, qu'on a broyées avec des matières colorantes jaune, brun-rouge, brun, etc. Cette madrure terminée et l'enduit étant bien sec on ponce et on recouvre de 3 à 4 couches de vernis.

e. On prépare la dissolution de colle pour les couleurs en faisant cuire 0 kil.125 de colle-forte dans 1 litre d'eau, et ajoutant un peu d'une décoction d'ail ou d'absinthe, et appliquant 3 à 4 couches sur l'objet à vernir. L'addition de la décoction d'ail ou d'absinthe est utile pour éloigner les vers. Les applications de l'eau de colle se font à chaud pour les gros objets, pour les planchettes ou tablettes minces elles se font à froid. Après une dessiccation complète, la couche de colle est polie à la prêle avec soin. Si à la dissolution de colle on ajoute de la craie lavée extrêmement fine et qu'on en applique de 4 à 6 couches, on obtient ce qu'on appelle l'assiette. Le polissage de l'assiette se fait avec la pierre ponce et l'eau. Après que tout est bien uni, poncé et nettoyé comme il faut, vient l'application de la couleur dont on

donne 3 à 4 couches successives, et quand celles-ci sont sèches, qu'on a poli à la prêle et bien
lavé, le vernissage a lieu avec un vernis à l'alcool.

f. Quand on fait le fond des pièces à vernir
avec une couleur à l'huile, on commence par les
enduire avec une couche chaude d'huile siccativ-
tive bien cuite, puis avec un mélange d'ocre et de
céruse, ou de céruse avec un peu de noir de
lampe calciné, qu'on a broyé avec un peu de vernis, d'huile de lin, ou mieux encore, avec du siccatif; on charge la pièce, et après la dessiccation
on polit à la pierre ponce et à l'eau. Aussitôt que
toutes les parties sont bien poncées et unies et
que la pièce est suffisamment sèche, on procède à
l'application de la couleur que la pièce doit recevoir. Ce qu'il y a de mieux à faire est de broyer
cette couleur aussi finement qu'il est possible avec
de bon vernis d'huile de lin, à étendre jusqu'au
degré de consistance voulu avec de l'essence de
térébenthine, d'ajouter un peu de vernis au copal
ou au karabé et de procéder à l'application. Après
la dessiccation on polit avec la pierre ponce en
poudre et un feutre, puis on applique le vernis
qu'on prend plus ou moins consistant suivant la
température.

Quand le temps est froid, il faut préférer les
vernis fluides, quand l'air est chaud les vernis
plus épais.

La marbrure, avec les couleurs à l'huile, s'exécute ainsi qu'il suit : On donne d'abord sur la
pièce une couche ou deux couches de fond avec

une couleur à l'huile, on ponce après la dessiccation et on applique le marbre soit à la colle soit à l'huile. Le premier de ces moyens est plus facile que le second.

Pour marbrer avec les couleurs à l'eau, on mélange du rouge d'Angleterre, de la terre de Cologne avec une petite partie de noir de lampe calciné, on broie finement avec l'eau, le vinaigre ou la bière, et on applique suivant les règles de l'art. Le marbre se fait soit avec des pinceaux, soit avec des éponges, ou bien on se sert pour cela de pinceaux particuliers. On applique le vernis aussitôt que le fond à l'eau est sec, et on polit à la prêle. Ordinairement on donne deux couches, mais jamais on n'applique la seconde que la première ne soit complétement sèche.

Quand on veut marbrer en couleurs à l'huile, on commence par faire un fond en couleur à l'eau, et dès que ce fond est sec on le recouvre d'une couche de vernis d'huile de lin. Les veines, les accidents sont appliqués avec la terre de Cologne, la terre d'ombre et un peu de noir de lampe calciné, qu'on a broyé à l'huile siccative. Dès que ce marbre est sec, on le glace avec de la terre d'ombre, de la terre de Sienne ou de l'asphalte; puis vient l'application des vernis après que le glaçage est entièrement sec.

Section III. — VERNISSAGE DES TOLES, FERS-BLANCS ET MÉTAUX.

Le vernissage des objets en tôle, en fer blanc, en zinc et autres métaux s'opère d'une manière

différente que pour le bois. Les premiers exigent
des vernis bien plus gras que les seconds, et la
dessiccation s'opère dans les appareils construits
à cet effet et qu'on appelle étuves.

Les objets ordinaires en tôle brute ont besoin,
avant d'être vernissés, d'être suffisamment unis
et poncés, puis on les enduit dans toutes les parties d'une couche de vernis d'huile de lin, et on
les fait bien sécher à une température élevée.
Alors commence l'application du fond poncé, et
quand on en a donné de 5 à 6 couches successives
qu'on a bien fait sécher chaque fois, on ponce à
l'eau jusqu'à ce que la surface soit unie comme
un miroir. Ces opérations importantes étant terminées, on applique la couleur principale qui a
été broyée au vernis d'huile de lin et à l'essence
de térébenthine et à laquelle on ajoute du vernis
au copal. On donne au moins 3 à 4 couches de
cette couleur, et on laisse bien sécher chacune
d'elles avant d'en appliquer une nouvelle. Lorsque la dernière couche est devenue dure comme
de la pierre, on peut polir à la pierre-ponce en
poudre et à la prêle, y appliquer divers décors,
faire sécher, puis vernir avec un vernis au copal.
Quand cette couche est sèche, on l'unit avec de la
poudre de pierre ponce et un feutre; on nettoye,
on fait sécher et on applique encore une à deux
couches de vernis. Dans tous les cas, il faut que
chacune de ces opérations soit exécutée avec le
plus grand soin.

Les objets en fer ou en acier sont généralement
traités de la même manière que ceux en fer blanc,

mais ils n'ont pas besoin d'autant d'apprêts, et quand ils sont unis et polis, il suffit de les enduire d'une couche d'huile siccative, de la sécher fortement, puis d'opérer comme il a été dit pour le fer-blanc.

Les pièces en cuivre, en laiton, en zinc, exigent un vernis gras élastique et surtout un traitement très-soigné. Comme les pièces sont presque toujours soudées et chargées plus ou moins de matières grasses, le premier soin à prendre c'est de les dégraisser; c'est ce qu'on fait en écurant bien avec de la sciure du bois, nettoyant, y appliquant des couleurs et des vernis gras et bien siccatifs et faisant sécher à une chaleur modérée. Les ponçages et les nettoyages s'opèrent comme on l'a dit pour les objets en fer blanc.

Voici quelles sont les couleurs dont on fait ordinairement usage dans le vernissage de ces sortes de produits.

1. *Noir.* — On produit cette couleur soit en enduisant avec du noir de lampe fin calciné qu'on a broyé avec du vernis d'huile de lin et qu'après la dessiccation on a recouvert d'un enduit de vernis gras, soit en se servant directement d'un vernis d'asphalte (bitume de Judée). Pour les objets communs, on peut se servir avec avantage du vernis d'asphalte ordinaire sur le fer, le zinc, le cuivre, etc. Ces deux modes de travail sont bons et les enduits sèchent vite.

2. *Brun.* — On produit les bruns en faisant un fond avec du rouge d'Angleterre, auquel on a

ajouté un peu de noir de lampe calciné, et appliquant sur cet enduit un glaçage au carmin.

3. *Rouge.* — On produit un vernissage rouge avec un mélange de cinabre, vernis d'huile de lin et essence de térébenthine, auquel on ajoute un peu de vernis gras au copal. On applique 3 à 4 couches de ce vernis, on laisse bien sécher et on donne le glaçage.

On prépare un azur en broyant de la laque carminée fine avec du vernis d'huile de lin et de l'essence de térébenthine, ajoutant un peu de vernis au copal et abandonnant pendant quelques jours au repos. Au bout de ce temps on décante la liqueur claire et fluide pour la séparer du dépôt, et on en charge vivement et uniformément la pièce peinte. 2 à 3 couches sont en général nécessaires, suivant que la couleur doit paraître plus claire ou plus foncée. Comme azur, ce glacis sèche difficilement ; il faut employer une température élevée. Aussitôt que cet azur est sec, on le ponce et on le vernit.

Cet azur n'est pas, ainsi que nous l'avons vu précédemment, le seul dont on fasse usage ; en voici encore d'autres qu'on emploie pour les diverses couleurs.

Pour fonds verts glacés, on se sert de vert-de-gris et on donne deux couches.

Pour les fonds gris de verdet, broyé très-fin à l'huile de lin, en détrempant à l'essence d'abord, puis au vernis et au siccatif.

Pour les fonds bruns, deux couches d'un azur composé avec laque carminée broyée à l'huile coupée d'essence, en finissant avec du vernis et un peu de siccatif.

Pour fonds bleus, deux couches d'azur d'outremer qu'on prépare avec outremer Guimet détrempé avec du vernis et auquel on ajoute un peu de siccatif.

Et plusieurs autres encore, suivant la nature du travail et le goût de l'artiste.

4. *Vert.* — On obtient le vert avec la couleur dite vert de Schweinfurt. Ce mode de travail est le même que pour le rouge, seulement le vert est souvent mélangé à du jaune et à du blanc. Les pièces à vernir reçoivent d'abord un fond blanc. On prépare le vert foncé avec le cinabre vert et on glace avec le vert-de-gris. Cette couleur ne doit pas être exposée à une chaleur trop forte.

5. *Jaune chamois.* — Le chamois est formé d'un mélange de bleu, de jaune et de rouge. Le jaune de chrome donne d'excellents résultats, et deux à trois couches couvrent suffisamment.

6. *Bleu.* — Pour les fonds bleus, on prend un mélange de bleu de Paris et de blanc, ou d'outremer et de blanc, suivant qu'on veut obtenir une couleur plus ou moins foncée.

Les autres couleurs se traitent de la même manière ; ordinairement quelques couches suffisent pour couvrir, et on n'a plus qu'à vernir.

On produit le *fond marbre* en ponçant la pièce qui a déjà reçu un fond noir, la frottant avec l'essence de térébenthine, et l'exposant à l'étuve. Cela fait, on trempe une brosse bien nettement taillée dans de l'essence de térébenthine, et on en asperge la pièce toute chaude, en ayant soin, dans tous les cas, si la pièce est placée un peu loin, qu'il n'y ait que les gouttelettes les plus fines qui arrivent à sa surface.

Les gouttes qui tombent de la pièce coulent et s'étendent en formant sur le bord un anneau, et on applique sur ces anneaux, avant qu'ils soient entièrement secs, de l'or ou de l'argent en poudre, dont on enlève le surplus quand le tout est sec.

Le *fond écaille* se prépare en appliquant d'abord sur la pièce un fond d'une seule couleur, tel que du cinabre ou une laque brune fine. Quand cette couche est sèche on ponce et on donne une glaçure avec la laque carminée, puis on opère comme il suit : On pose au-dessus d'une lampe dont on a tiré la mèche un peu plus qu'à l'ordinaire, pour qu'elle commence à fumer, le glaçage encore humide, pour y produire des points plus ou moins foncés, et en tournant en tout sens la pièce au-dessus de la mèche. Quand on a produit de cette manière les taches brunes de l'écaille, on peut commencer à poncer puis vernir.

Fond palissandre. — On imite ce bois en appliquant sur la pièce d'abord un fond avec le noir de lampe calciné, laissant bien sécher et ponçant. D'un autre côté on prépare une couleur avec du rouge d'Angleterre et de la laque carminée, ou de la terre de Cologne, du cinabre et de la laque carminée qu'on délaie dans du vernis d'huile de lin, et on nuance et marbre au pinceau suivant un modèle de bois de palissandre poli qu'on a sous les yeux. Après la dessiccation on azure avec la laque carminée, on vernit et on ponce.

Section IV. — DÉCORATION AVEC PLANCHES GRAVÉES ET LITHOGRAPHIES.

L'appareil pour cela consiste en une planche gravée propre à des tirages à la presse. On prépare d'abord une encre d'impression avec le vernis d'huile de lin, avec lequel on broie du noir de Francfort. Ce vernis doit être très-consistant. On chauffe la planche, on y étend également l'encre avec le doigt sur la partie gravée, on essuie la majeure partie de cette encre et on nettoye avec une lessive. Quand tout est préparé on met la planche dans la presse, on pose dessus un papier humide, on recouvre de plusieurs doubles de flanelle et on tire. Le papier est alors enlevé avec soin, on le trempe dans l'eau et on le pose sur la pièce. Alors, à l'aide d'un petit rouleau recouvert de toile, on cherche à appliquer sur tous les points la gravure sur la pièce et l'y attacher, et quand ce décalquage paraît opéré on enlève le papier.

On opère exactement de la même manière avec les lithographies.

La *peinture en bronze* s'exécute avec des métaux en poudre, or fin en feuille, or de couleur, or et argent en coquille (bronze), la plupart du temps sur fond noir.

On se sert pour cela de pinceaux fins. Le bronze est frotté avec un petit morceau de feutre sur les ornements préparés au vernis. Pour faire ces ornements, on se sert de patrons en papier huilé et découpé. Les feuilles d'or fin sont posées sur le vernis avant qu'il soit sec; toutes ces opérations exigent beaucoup de soin, et les ouvriers doivent être très-exercés.

Peinture sur zinc, par M. HEILBRONN.

Le Bulletin de la Société d'encouragement du mois de janvier 1857 renferme un rapport de M. Bareswill, sur un procédé de peinture sur zinc, dû à M. Heilbronn, que nous croyons devoir reproduire ici.

« M. Heilbronn vous a soumis, dit M. le rapporteur, une note sur les moyens de revêtir, colorer et orner le zinc, et vous a présenté divers spécimens d'objets en zinc revêtus de peintures et de dorures qui, au dire de l'auteur, ont le mérite d'être adhérentes au métal, tandis que, chacun le sait, les peintures ou dorures exécutées par les procédés ordinaires, ne présentent aucune solidité. Vous avez renvoyé l'examen du travail de M. Heilbronn à votre comité des arts chimiques.

« La méthode de M. Heilbronn (Alexandre), de Londres, fait l'objet d'un brevet d'invention de 15 ans, à la date du 3 juillet 1852. Elle consiste, dit l'auteur, dans des moyens de revêtir et orner le zinc ou les corps ayant un revêtement ou surface de zinc par « *l'application, sur la surface, d'acides combinés avec d'autres substances ayant une action chimique sur le zinc, soit seuls, soit mêlés ensemble, soit mêlés avec mordant ou autres matières.* » Ce revêtement ou composé chimique ainsi produit sur le zinc peut servir par lui-même pour protéger ou orner la surface, ou bien il peut former la base ou le fond sur lequel on peut peindre à la manière ordinaire avec des huiles ou des vernis.

« Les agents chimiques qu'emploie surtout M. Heilbronn, sont l'acide chlorhydrique du commerce étendu d'eau et d'une pesanteur spécifique de 1,44, soit pur, soit en mélange avec diverses substances, telles que le chromate de plomb, le vert de Saxe, *la céruse*, la fleur de soufre, le beurre d'antimoine.

« Ces divers agents peuvent, en outre, recevoir l'addition de diverses couleurs, telles que le carmin, la cochenille, le bleu de Prusse, le vert de vessie, etc.

« L'auteur indique quatre procédés différents pour l'application de ces peintures. Le premier est le procédé par *aspersion*. L'acide pur ou mêlé avec la couleur est lancé contre les surfaces de zinc comme l'est la couleur pour l'obtention du *granit* en peinture. Dans le procédé dit de *chiquetage*, la surface du zinc est frappée avec une éponge ou de l'étoupe humectée avec les préparations. On obtient ainsi l'apparence d'un marbre pommelé. Dans le procédé de *revêtement par couches*, l'apprêt est étendu au pinceau ou avec un rouleau; enfin, dans le procédé de *marbrure*, les liquides sont appliqués sur la surface du zinc que l'on recouvre aussitôt d'un papier mince non collé.

Ainsi que le fait judicieusement observer M. Heilbronn, il arrive, dans ce dernier cas, que, lorsque le gaz se développe, il produit des ampoules en sous-tendant le papier, et de cette façon, le réactif se répartit d'une manière accidentée, suivant que le papier reste ou ne reste pas adhérent à la surface.

« Quel que soit le mode employé, il convient, alors que la préparation est appliquée, de laisser la pièce de zinc abandonnée à elle-même dans la position où elle était lors de l'opération.

« Le revêtement d'une feuille de zinc a été opéré devant votre rapporteur par M. Heilbronn, et il a été facile de voir que tout se passe comme l'indique l'auteur. La feuille a été aspergée d'acide chlorhydrique affaibli, puis abandonnée à elle-même, elle a pris ainsi un aspect terne, comme terreux, et s'est trouvée, par ce fait, dans les conditions voulues pour recevoir la peinture ou le vernis.

« L'examen des pièces livrées à la consommation depuis un certain temps et le témoignage des marchands qui adoptent exclusivement les peintures de M. Heilbronn, sont des garants de la solidité de ce mode de peinture. L'épreuve directe, qu'il est très-facile de faire, ne laisse aucun doute à cet égard. Il suffit de soumettre à la fatigue, en la ployant et la déployant plusieurs fois, une feuille de zinc convenablement préparée par M. Heilbronn, et comparativement une autre feuille peinte par le procédé ordinaire du vernisseur. La peinture de M. Heilbronn reste unie au zinc, tandis que l'autre s'écaille et s'en détache dès les premiers efforts.

« Théoriquement, on se rend parfaitement compte de l'opération de M. Heilbronn : d'une part, l'action de l'acide chlorhydrique sur le métal rend la surface rugueuse, et d'autre part, elle donne naissance à la formation de chlorure de zinc qui, sous l'influence de l'oxygène atmosphérique, se transforme en oxychlorure insoluble adhérent au métal. Cet oxychlorure forme ainsi une couche intermédiaire sur laquelle la peinture s'attache parfaitement.

« C'est ainsi que la cire à cacheter, qui n'adhère pas au verre, peut facilement y être appliquée, à la condition que le verre soit d'abord recouvert d'une feuille de papier collé à la colle de pâte. Le papier adhère au verre et la cire adhère au papier. L'oxychlorure, dans le procédé Heilbronn, remplit l'office de papier.

« Si l'acide chlorhydrique ou l'un des mordants cités ci-dessus a été mêlé à une matière colorée, l'oxychlorure qui se forme, enferme cette couleur et la rend adhérente. L'application d'un vernis lui donne du brillant et de la solidité.

« Ce procédé de M. Heilbronn a reçu aujourd'hui la sanction de la pratique ; il est nouveau et, de plus, intéressant au point de vue théorique, il peut être appelé à se généraliser de plus en plus. »

Section V. — VERNISSAGE DU ZINC EN FEUILLE,
par M. J. MILLER.

Obtenir un enduit durable sur zinc est un problème pour la solution duquel on a indiqué bien des moyens; c'est ainsi, en particulier, qu'on a conseillé d'étamer le zinc par la voie humide, en le mouillant avec de l'acide chlorhydrique pour enlever la couche d'oxyde qui le recouvre et lui donner une surface rugueuse sur laquelle adhère la couleur. Mais M. Miller, qui a eu fréquemment l'occasion de mettre ce procédé en pratique, a observé ce qui suit :

Le mordançage par l'acide chlorhydrique n'est applicable qu'aux objets fondus; pour les objets laminés, le dégrossissage au sable ou à la ponce, quoique donnant lieu à plus de travail, est préférable et plus sûr. Ce dégrossissage doit être fait à l'eau et poursuivi jusqu'à ce que la pièce ne présente plus de points noirs.

La première couche se compose ordinairement de toutes les couleurs préparées avec les oxydes métalliques de plomb, de cuivre ou de fer; mais si le fond doit être blanc, cette première couche se donne au blanc de zinc ou avec de la céruse ordinaire additionnée d'oxyde de plomb.

Le vernissage avec des couleurs qui sèchent promptement n'est pas praticable sur le zinc laminé. C'est un fait incontestable qu'il n'y a que les enduits gras et séchés à une température convenable qui, sur les tôles métalliques, acquièrent de la fermeté et sont durables; par conséquent, il ne faut pas que les étuves soient chauffées au-delà de 100° C., à une température plus élevée le zinc perd de son élasticité. On peut bien faire usage de vernis gras, mais avec des vernis préparés avec de bonnes huiles siccatives, et laisser sécher à une température de 75 à 80° pendant 2 à 3 jours.

Le vernis à l'huile dont on se sert doit avoir été préparé non pas avec la litharge, comme siccatif, mais avec le sulfate de zinc ou le manganèse.

En résumant ces préceptes exposés par M. Miller, on arrive aux résultats que voici :

Les couleurs préparées avec le fer, le cuivre et surtout le plomb, portées immédiatement sur la surface du zinc émoulu n'ont aucune durée, même quand l'enduit est suffisamment gras. Il faut, en conséquence, entre le zinc laminé et la couleur principale, appliquer un enduit neutre d'une couleur au zinc ou aux terres, par exemple la craie; ou bien la tôle doit être recouverte des deux côtés du siccatif brun du commerce, mais en couche excessivement mince, qu'on applique avec la paume de la main, puis qu'on laisse sécher avant de peindre dans la couleur voulue et de vernir.

Peinture sur zinc.

La difficulté de faire adhérer les couleurs à l'huile sur le zinc est bien connue de tous les peintres, mais jusqu'à présent cette difficulté ne paraissait pas avoir été surmontée entièrement. Depuis quelque temps M. le professeur Böttger a publié pour cela un procédé que nous devons faire connaître.

Ce procédé, tel qu'il l'a fait connaître, consiste à appliquer avec une brosse dure un mordant composé de : chlorure de cuivre 1 partie, azotate de cuivre 1 partie, sel ammoniac 1 partie, et eau 64 parties, auxquels on ajoute ensuite 1 partie d'acide chlorhydrique. Le zinc devient immédiatement noir intense, couleur qui, après qu'il est devenu sec (12 à 24 heures), passe à une nuance blanc-gris sale sur laquelle on peut appliquer toutes les couleurs à l'huile qui y adhèrent avec force.

FIN DU VERNISSAGE.

TABLE DES MATIÈRES.

BRONZAGE DES MÉTAUX ET DU PLATRE.

PEINTURE ET VERNISSAGE DES MÉTAUX

PREMIÈRE PARTIE.

DES COULEURS, DES PINCEAUX ET DES TEINTES.

DEUXIÈME PARTIE

MANIÈRE DE PRODUIRE LES COULEURS, IMITATIONS, FAUX-BOIS.

TROISIÈME PARTIE

DÉCORS, DÉCALQUAGE, ORNEMENTATION, DORURE ET FILETS.

QUATRIÈME PARTIE

MANIPULATIONS GÉNÉRALES, FINISSAGE.

CINQUIÈME PARTIE

DU NOIR RECUIT ET DU BRONZE FLORENTIN.

SIXIÈME PARTIE

OBSERVATIONS ET REMARQUES GÉNÉRALES.

VERNISSAGE DES MÉTAUX ET DU BOIS

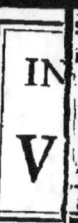